보험의 새로운 패러다임
상담부터 보상까지 **미리 보는 경험**

빌드업

김진수 권용현 이수현 지음

FINE
VERY

일러두기

1. 이 책에서는 의료실비보험, 실비보험, 실손보험, 실손의료비 등 다양하게 지칭되는 용어를 금융위원회 2021년 6월 30일 보도자료 『7.1일부터 제4세대 실손의료보험이 출시됩니다』를 기준으로 '실손의료보험'으로 통일하여 사용하며, 줄여 쓸 경우 '실손'으로 표기합니다.
2. 급성심근경색증진단비와 급성심근경색진단비는 혼용되어 사용되고 있어 최근 약관 사례를 기준으로 '급성심근경색증진단비'로 표기합니다. 이와 유사하게 약관 용어가 혼용되어 사용되는 다른 예도 동일한 기준으로 한 용어를 정하여 사용합니다.
3. 따라서 책에서 사용된 표현은 특정 보험 상품의 실제 약관 용어와 다를 수 있습니다. 개별 약관에 적용된 정확한 용어와 내용은 해당 상품의 약관을 확인해야 합니다.
4. 질병명은 2021년 1월 1일 시행된 『제8차 개정 한국표준질병·사인분류(KCD-8)』를 기준으로 엄밀하게 표기해야 할 부분을 제외하고는 '심근경색', '뇌경색', '암' 등 보편적 용례 중 하나를 정하여 사용합니다.
5. 통계자료나 법령(입법예고 포함) 등은 초판 1쇄부터 3쇄까지 1쇄 발행일 기준 가장 새로운 것을 사용했으며, 4쇄부터 해당 쇄 발행일 기준 가장 새로운 것으로 수정했음을 밝힙니다.

* 이 책의 저작권은 파인베리컴퍼니 주식회사에 있습니다. 저작권자의 서면동의 없이 책의 내용을 수정, 복제, 게재하거나 강의, 교육자료로 활용할 수 없습니다.

기획의도

'왜 보험을 어렵게만 생각할까?'

이 책은 한 문장에서 시작되었습니다. 대다수 소비자는 보험을 어렵게 생각합니다.
가입 후 매달 보험료를 내고 있지만 정작 어떤 보험에 가입되어 있는지 모릅니다.

사회에 나왔으니 자연스럽게 보험에 가입했고 지인이 부탁해서 또 하나 가입했습니다.
하지만 가입한 보험이 정말 필요한지, 사고가 나면 진짜 보험금이 나오는지 몰라
불안합니다. 그럼에도 '보험은 어렵다'는 인식이 강해 적극적으로 알려고 하지 않습니다.

'진짜 어렵기만 할까?'
'알기 위해서는 누구에게 물어봐야 할까?'
'보험금은 진짜 나올까?'

이 책은 보험 소비자의 근원적 불안과 질문에서 시작합니다.

가입한 보험이 궁금해 검색을 하거나 설계사를 찾아도 이해할 수 없는 말만 반복됩니다.
이래서는 꼭 필요하지만 모두가 불편함을 느끼는 보험에 대한 인식을 바꿀 수 없습니다.

문제를 해결하기 위해서는 설계사와 소비자가 서로 소통하고 공감할 수 있는 객관적
기준이 필요합니다. 이를 통해 설계사는 고객의 궁금증을 알려줄 수 있고 고객도 가입 전
보험에 대한 배경지식을 쌓을 수 있습니다. 기준을 공유한 후 이뤄진 양측의 상호작용이
보험에 대한 불신과 잘못된 인식을 해소할 것입니다.

쉬운 이해를 위해 사례툰과 인포그래픽으로 복잡한 내용을 정리했습니다. 그리고 실제
일어날 수 있는 질문과 대화를 통해 보험에 쉽게 다가갈 수 있도록 구성했습니다.

불안해서 가입했지만 여전히 불안한 것이 보험입니다. 이 책이 보험을 쉽고 친근하게
알고 싶은 소비자와 그들을 만나는 설계사 모두에게 도움이 되길 희망합니다.

파인베리컴퍼니 기획팀

빌드업 추천사

존리 (메리츠자산운용 대표)

금융을 모르면 본인과 가족에게 경제적 손실이 발생합니다. 하지만 대중이 어렵고 복잡한 금융을 이해하기는 참 어렵습니다. 오랜 시간 강연과 집필을 통해 온 가족의 경제독립 및 금융문맹 탈출을 돕는 활동을 하고 있습니다. 금융에 대해 어렵게 느끼는 소비자를 만날 때마다 '어떻게 하면 금융을 쉽게 이해시킬 수 있을지' 고민이 많습니다. 『빌드업』을 통해 많은 사람들이 보험에 대한 이해를 반드시 하고 금융문맹에서 하루빨리 탈출하길 기원합니다.

안철경 (보험연구원장)

『빌드업』은 보험을 어렵다고 느끼는 분들을 위해 보험 관련 내용을 그림과 인포그래픽을 사용하여 쉽게 풀어주는 길잡이 책입니다. 일상적인 사례를 만화로 표현하고, 이를 설명하기 위하여 어렵다고 생각되는 내용을 인포그래픽으로 전달합니다. 또한 실제 설계사와 대화하는 시뮬레이션으로 보험을 실생활에 한 발 더 가까이 다가오게 만듭니다. 이런 점이 지금까지 나온 여러 보험 관련 안내서를 뛰어넘는 장점이자 강점입니다. 『빌드업』을 통해 보험을 잘 모르던 분들까지도 깊이 있는 지식을 쌓고 상품에 대한 이해가 뇌리에 쏙쏙 박히는 경험을 맛볼 것으로 기대합니다.

김승동 (보험전문기자, 뉴스포트 대표)

지금까지 보험 상품의 원리와 가입 목적 그리고 보상까지 이처럼 쉽고 친절하게 설명한 책은 없었습니다. 만화로 보험에 대한 흥미를 높이고 인포그래픽을 활용하여 시각적으로 보여줍니다. 이를 통해 설계사와 소비자는 보험의 원리는 물론 특성까지 한 번에 파악할 수 있습니다. 상품을 제대로 이해한 설계사는 소비자와 올바르게 소통하고 신뢰관계를 『빌드업』할 수 있습니다. 또한 소비자도 이 책을 통해 믿을 수 있는 보험을 경험할 것입니다.

김인교 (19대 한국MDRT협회장)

보험은 재무목표 달성을 위해 수립한 계획이 어떠한 상황에서도 실행될 수 있도록 돕는 중요한 금융입니다. 그런데 가장 복잡하기도 해서 소비자가 이해하는 것 또한 만만치 않습니다. 『빌드업』은 금융 공급자가 아닌 소비자의 눈높이에 맞춰 사례툰과 인포그래픽을 통해 보험을 매우 쉽게 설명합니다. 이런 강점으로 공급자와 소비자 모두에게 획기적인 만족을 제공하는 훌륭한 지침서가 될 것입니다.

채영규 (한국FP협회장)

『빌드업』은 고객의 시선에서 보험을 어렵지 않고 편하게 풀어내려는 노력이 돋보이는 책입니다. 현장 경험을 토대로 금융 소비자가 망설이거나 궁금해하는 지점이 어딘지 짚고 상황에 맞게 필요한 만큼 보험에 가입할 수 있는 기준을 제시하여 모두에게 큰 도움이 될 것으로 기대합니다.

황정국 (메리츠화재 개인영업총괄)

현재 보험 산업은 변곡점에 있습니다. 새로운 치료 기술의 발전에 맞춰 세부 질병을 보장하는 상품이 다양하게 출시되고 있습니다. 여기에 코로나19 장기화가 더해져 보험에 대한 필요성과 인식도 변하고 있습니다. 이런 상황 속에서 보험 상품을 필요로 하는 소비자는 합리적인 선택을 할 수 있도록 도와줄 기준이 필요합니다. 『빌드업』은 보험에 대한 이해도를 높인 사례툰과 인포그래픽을 사용하여 누구나 보험을 쉽게 이해하고 어떻게 준비해야 하는지를 알려주는 친절한 보험 지침서가 될 것입니다.

Contents

[고객이 자주 묻는 보험상식 대표 질문] 설계사님 질문 있어요

1. 보험용어가 너무 어려워요 012
    손해보험사와 생명보험사는 어떻게 다른가요? 014
    보험료, 보험금, 가입금액은 무엇인가요? 018
    계약자, 수익자, 피보험자는 누구인가요? 022
    납입기간과 보험기간은 다른 기간인가요? 026
    보험은 언제부터 보장되나요? 030
    보험약관과 보험증권은 다른 문서인가요? 034

2. 설계와 가입 시 고민이 많아요 038
    보험은 꼭 가입해야 하나요? 040
    보장점검은 왜 해야 하나요? 044
    기본계약(주계약)은 반드시 가입해야 하나요? 048
    갱신과 비갱신 어떤 것이 유리한가요? 052
    꼭 100세 만기로만 가입해야 하나요? 056
    보험은 왜 주기적으로 점검해야 하나요? 060
    호칭(Miss, Mrs, Mother)이 변하면 보험도 변해야 하나요? 064

3. 보험료는 항상 부담스러워요 068
    보험료는 어떻게 정해지나요? 070
    보험에 적용되는 이율 3형제는 무엇인가요? 074
    보험사는 어떻게 돈을 버나요? 078
    예정이율이 낮아지면 왜 보험료가 오르나요? 082
    보장은 동일한데 보험료는 왜 차이가 나죠? 086
    보험나이는 무엇인가요? 090
    보험료는 조정할 수 없나요? 094
    납입 중인 보험료가 부담스러운데 방법은 없나요? 098

[보종별 맞춤 대응 방법] 그래서 어떻게 해야 하는데요?

1. 질병보험은 실손만 가입하면 충분하지 않나요? 104
    암보험 꼭 가입해야 하나요? 106
    암에 걸렸을 때 보험금은 얼마나 필요한가요? 110
    일반암, 소액암, 유사암 등은 무엇인가요? 114
    암진단비는 한 번만 받을 수 있나요? 118
    표적항암제 등 최신치료법을 보장하는 암보험이 필요한가요? 122

고혈압과 당뇨는 심장 및 뇌혈관질환과 어떤 관계가 있나요?	126
왜 뇌혈관질환진단비가 중요한가요? 뇌출혈이랑은 다른가요?	130
급성심근경색과 허혈성심장질환은 무엇인가요?	134
뇌혈관질환, 허혈성심장질환진단비만 가입하면 문제없나요?	138
가족 중 질병 유병자가 있는데 보험이 필수인가요?	142

2. 질병보험은 3대 진단비만 가입하면 충분하지 않나요?   146

당뇨와 고혈압은 무서운 질환인가요?	148
혈액투석을 대비하는 보험이 있나요?	152
뇌혈관질환으로 신체마비가 왔을 땐 어디서 보험금이 나오나요?	156
간병살인까지 발생하는 치매가 걱정일 땐 어떻게 해야 하나요?	160
사망보험금 꼭 가입해야 하나요?	164

3. 자동차보험은 다이렉트가 좋지 않나요?   168

자동차보험은 저렴한 것이 최고 아닌가요?	170
운전자보험은 꼭 가입해야 하나요?	174

4. 주택화재보험과 일상생활배상책임보험은 무엇인가요?   178

불도 안 나는데 주택화재보험이 필요한가요?	180
집주인이 화재보험에 가입했는데 세입자도 화재보험이 필요한가요?	184
일상생활배상책임은 언제 쓸 수 있나요?	188

5. 국민연금말고 연금이 필요할까요?   192

연금저축보험, 연금보험, 변액연금보험은 어떻게 다른가요?	194

특별부록 3장

[보상까지 바르게 안내하는 법] 보상은 어떻게 받나요?

계약 전 알릴의무는 무엇인가요?	200
계약 후에도 보험사에 알릴 것이 있나요?	202
알릴의무에 문제가 생기면 누가 책임져야 하나요?	204
보험금 청구는 누가 해야 하나요?	206
청구 후 보험금은 어떤 과정을 통해 지급되나요?	208
보험사 질문에 어떻게 답해야 하나요?	210
보험의 꽃, 인간 세상 보상 이야기 보라보툰 소개	214

빌드업 활용 가이드

고객과 설계사가 상호작용을 통해 보험의 올바른 목적을 공감하고 소통할 수 있습니다.
<사례툰, 인포그래픽, 상호작용 시뮬레이션> 3단계 구성으로 누구나 보험을 쉽게 이해할 수 있습니다.
『금융소비자 보호에 관한 법률』 시행으로 중요해진 보험 설계와 사용의 기준을 알 수 있습니다.

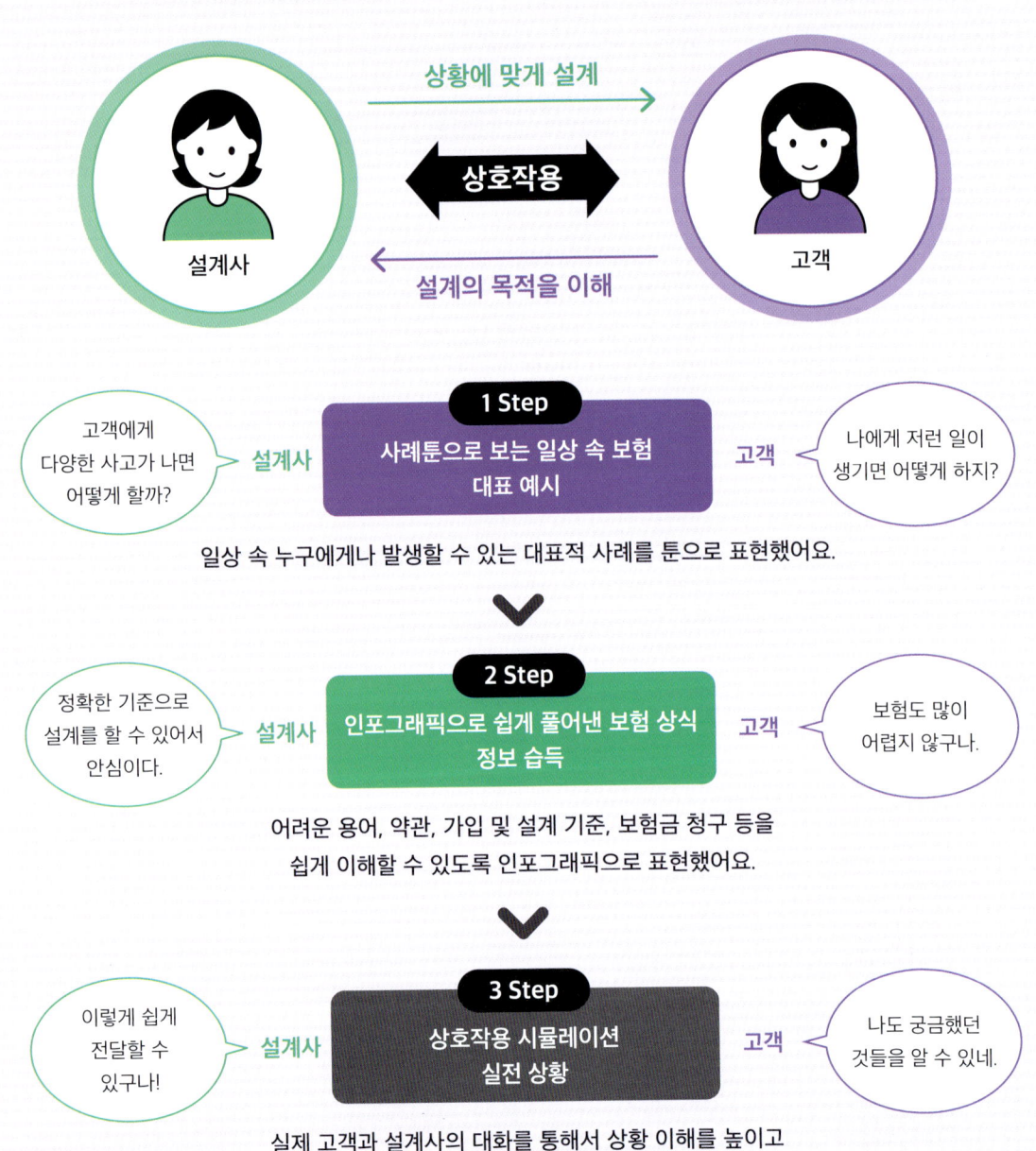

빌드업 미리보기

1 Step 사례툰

툰을 통한
일상 속 대표 사례
살펴보기

2 Step 인포그래픽

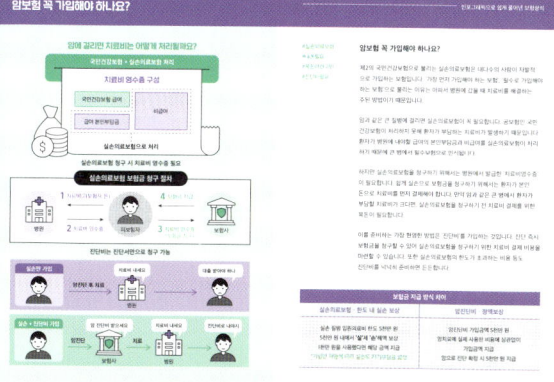

정보, 데이터,
지식 등을
인포그래픽을
통해 쉽게 전달

인포그래픽을
자세히 설명 /
통계자료 등
핵심 내용 정리

3 Step 대화와 비유

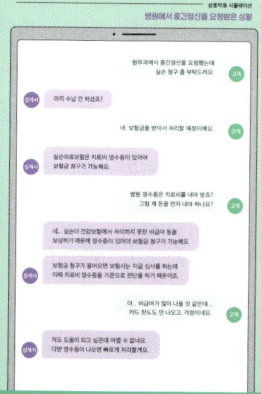
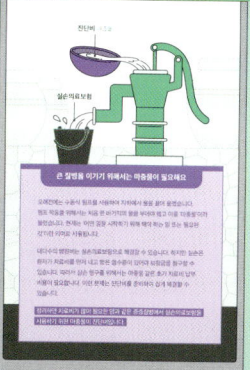

고객 질문 기반
상호작용 대화

비유를 통한
공감과 이해

1장

빌드업 | 보험의 새로운 패러다임
상담부터 보상까지 **미리 보는 경험**

— [고객이 자주 묻는 보험상식 대표 질문] 설계사님 질문 있어요

1. 보험용어가 너무 어려워요
2. 설계와 가입 시 고민이 많아요
3. 보험료는 항상 부담스러워요

1. 보험용어가 너무 어려워요

사례툰으로 보는 일상 속 보험

1. 보험용어가 너무 어려워요
손해보험사와 생명보험사는 어떻게 다른가요?

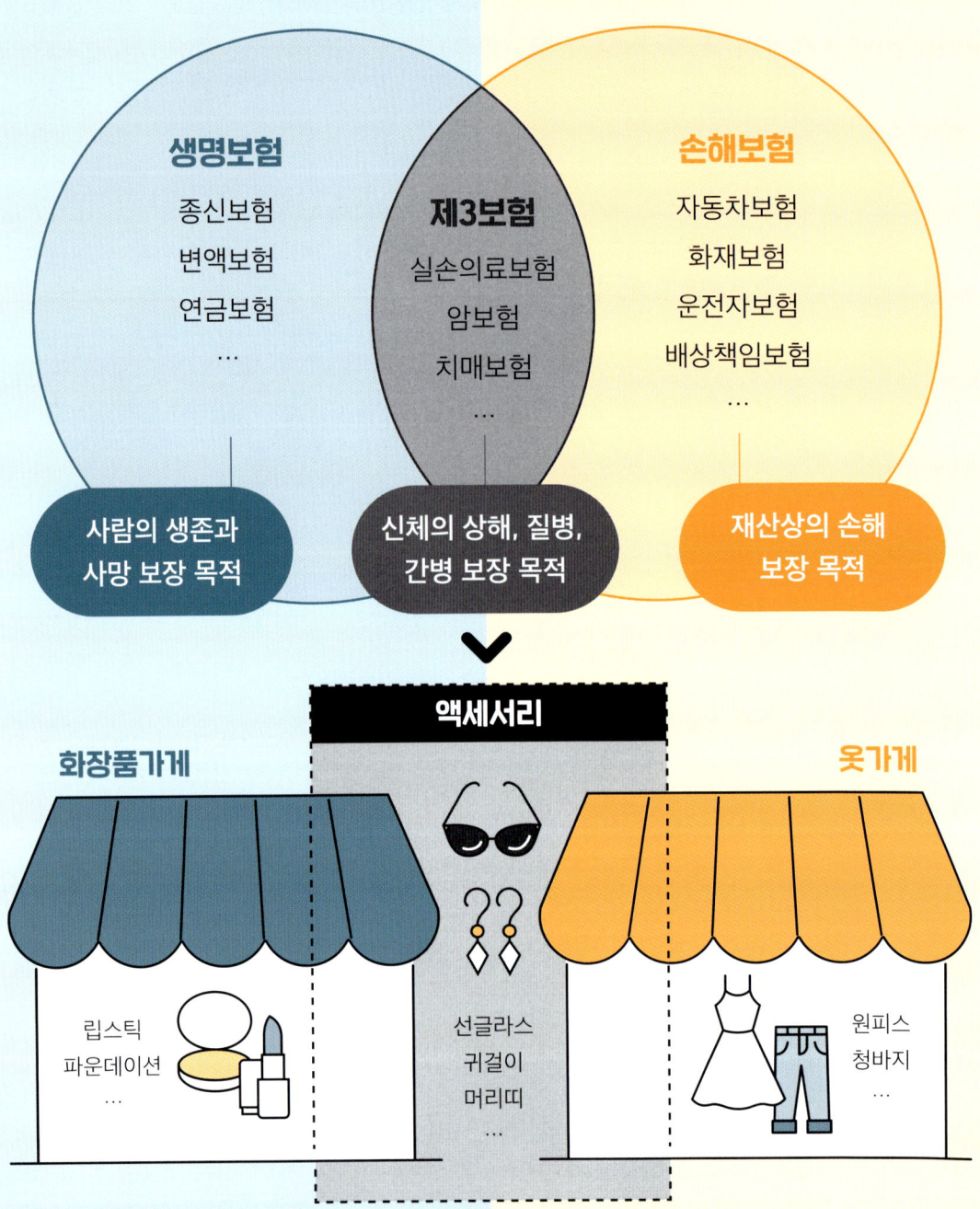

손님의 요구에 맞춰 액세서리를 판매하게 된 화장품가게와 옷가게

#생명보험
#생명보험사
#손해보험
#손해보험사
#제3보험

손해보험사와 생명보험사는 어떻게 다른가요?

보험회사는 생명보험을 다루는 생명보험사와 손해보험을 다루는 손해보험사로 구분됩니다. OO생명, OO라이프와 같은 이름을 사용하면 생명보험사입니다. 여기에서는 종신보험과 변액보험 등 사람의 생존과 사망 보장 목적의 보험을 만들고 판매합니다.

손해보험사는 OO화재, OO해상, OO손보와 같은 이름을 사용합니다. 재산상의 손해 보장 목적인 자동차보험이나 화재보험 그리고 운전자보험과 배상책임보험 등은 모두 손해보험사에서 만듭니다.

생명보험사와 손해보험사 모두 신체의 상해나 질병 그리고 간병 보장이 목적인 제3보험이란 공통의 영역에서 보험을 만들 수 있습니다. 제3보험의 대표적인 상품은 실손의료보험이나 암보험을 떠올리면 됩니다.

예를 들면 아름다움을 가꾸는 물건을 파는 화장품과 옷가게가 있습니다. 둘 다 고유의 물건을 판매합니다. 그런데 손님이 화장품과 옷에 어울리는 액세서리를 팔지 않는지 물어봅니다. 두 가게는 고객의 요구를 맞추기 위해 선글라스나 머리띠 등을 팔기 시작했습니다.

액세서리를 공통으로 판매하는 화장품과 옷가게처럼 생명보험사와 손해보험사는 종신보험이나 자동차보험처럼 고유의 보험을 각각 취급하면서 제3보험이란 공통의 영역을 함께 다룹니다.

보험사 전속 설계사와 보험대리점 소속 설계사		
전속 설계사		보험대리점(GA) 소속 설계사
생명보험 전속 설계사	손해보험 전속 설계사	
교차모집		

설계사는 소속에 따라 크게 특정 생명 또는 손해보험사에 전속되어 그 회사 상품만 모집하는 전속 설계사와 보험대리점(GA)에 소속된 설계사로 구분됩니다. 전속 설계사는 교차 모집을 통해 다른 영역에 있는 보험사 한 곳의 상품을 추가로 모집할 수 있습니다. 반면 보험대리점에 소속된 설계사는 대리점이 계약을 맺은 다수 보험사의 상품을 모집할 수 있습니다. 물론 제3보험, 손해보험, 생명보험 및 변액보험 자격을 갖춰야만 해당 영역의 상품 모집이 가능합니다.

상호작용 시뮬레이션

생명과 손해보험을 혼동하는 상황

고객: 종신보험은 착한생명인데, 왜 자동차보험은 착한화재죠?

설계사: 종신보험은 생명보험사에서만 다룰 수 있어요. 반면 자동차보험은 손해보험사에서만 취급해서 그래요.

고객: 똑같은 '착한'인데 다른 보험사군요. 왜 그래요?

설계사: 관련 법이 그렇게 구분을 해요. 그래도 실손의료보험이나 암보험 등 제3보험이라 불리는 것은 두 곳 모두 다룰 수 있죠.

고객: 신기하네요. 그럼 설계사님은 두 곳에 모두 소속되어 일하세요?

설계사: 아니요. 전 생명보험사 소속인데 한 곳의 손해보험사와 계약해서 그 상품까지 취급할 수 있는 제도가 있어요. 그래서 종신보험과 자동차보험 모두 설계할 수 있죠.

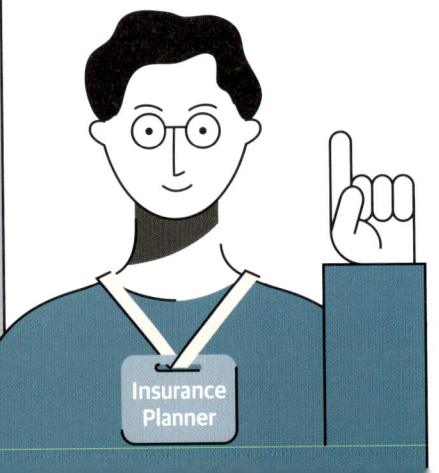
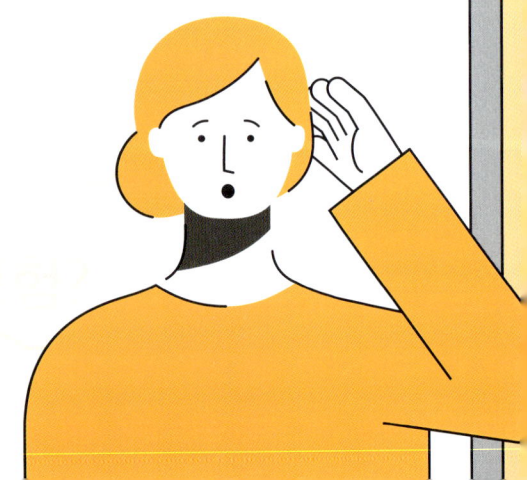

비슷해 보이지만 다른 것이 있어요

은행과 증권사의 기능은 크게 보면 비슷합니다. 입출금 통장을 만들 수 있고, 연금이나 펀드 가입도 가능하며, 대출을 받을 수도 있습니다.

그런데 원금이 보장되고 정해진 이자를 주는 적금은 은행에서만 가입할 수 있습니다. 반면 삼성전자 등 회사의 주식 거래는 증권사에서만 가능합니다. 은행과 증권사는 취급하는 상품이 일부 겹쳐 비슷해 보이지만 각자 고유하게 다루는 영역이 존재하는 다른 금융회사입니다.

생명보험과 손해보험도 이와 유사한 관계입니다. 모두 보험사지만 종신보험은 생명보험사만 판매할 수 있고 자동차보험은 손해보험사에서만 가입할 수 있습니다. 물론 둘 다 암보험이나 실손의료보험을 공통으로 다룹니다.

은행과 증권사가 다른 금융회사이듯 생명보험과 손해보험사도 각각 다른 보험사입니다.

1. 보험용어가 너무 어려워요
보험료, 보험금, 가입금액은 무엇인가요?

내는 돈은 '보험료' 받는 돈은 '보험금'

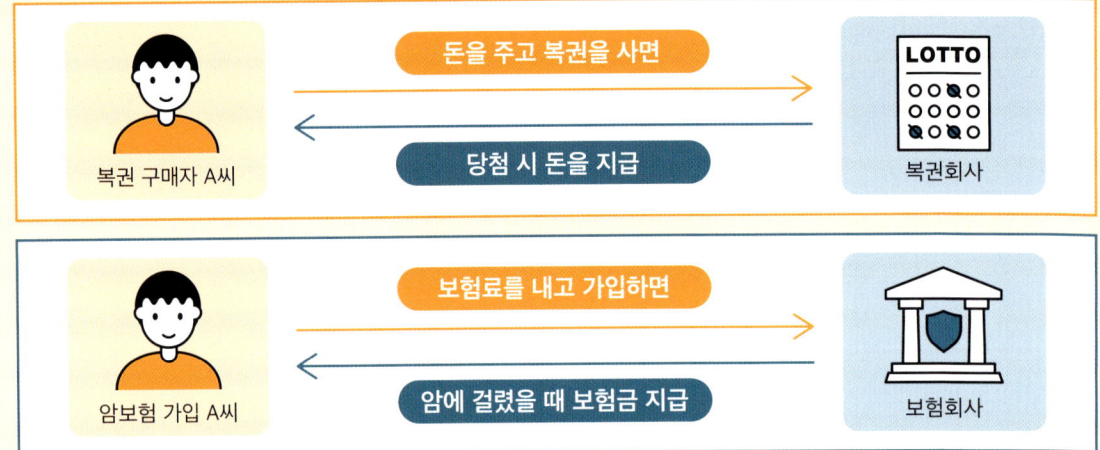

복권 구매 비용 = 보험료 / 당첨금 = 보험금

보험금과 가입금액의 관계

보험 증권		
약관명	가입금액	보험료
질병사망	5,000만 원	20,100원
실손의료보험 (질병 입원치료비)	5,000만 원	7,900원
...	...	...
총 보험료		129,000원

정액보상약관 보험금
예) 질병사망   =   가입금액   =   실손보상약관 최대 보험금 한도
예) 실손의료보험

두 가지 보험금 지급 방식

정액보상	약관	실손보상
보험금	가입금액	최대 보험금 한도
보험 사고 발생 시 가입금액을 보험금으로 지급하는 약관	설명	보험 사고 발생 시 가입금액을 보험금 지급 최대 한도로 실제 손해액을 보험금으로 지급하는 약관

인포그래픽으로 쉽게 풀어낸 보험상식

#보험료
#보험금
#가입금액
#정액보상
#실손보상

보험료, 보험금, 가입금액은 무엇인가요?

많은 사람들이 돼지꿈을 꾼 후 복권을 구매합니다. 돈을 주고 복권을 구매해도 낙첨이 되면 돈을 돌려받지 못합니다. 하지만 당첨되면 엄청 큰 돈을 당첨금으로 받습니다.

보험도 이와 동일합니다. 암보험에 가입하기 위해서는 보험료를 보험사에 내야 합니다. 이 돈은 암에 걸리지 않으면 돌려받지 못합니다. 하지만 암에 걸리면 보험사로부터 큰 돈을 보험금으로 받습니다. 보험계약에서 내는 돈은 보험료, 받는 돈은 보험금입니다.

흔히 '매월 10만 원을 내는 암보험에 가입했다'라고 표현할 때 '10만 원'이 보험료 입니다. 그리고 '암 진단 후 보험사로부터 5천만 원을 받았다'에서 '5천만 원'이 보험금입니다.

보험증권에서 확인 가능한 가입금액은 보험료 산출 및 보험금 지급의 기준입니다. 다른 조건이 동일하면 가입금액이 클수록 보험료가 비싸집니다. 또한 정액보상 및 실손보상 약관에 따라 보험금과 가입금액의 관계가 달라집니다.

보험금과 가입금액의 관계

1. 정액보상 약관의 경우 (가입금액 = 보험금)

예를 들어 질병사망의 가입금액이 5,000만 원이라면, 암이나 뇌출혈 등 질병을 원인으로 피보험자가 사망했을 경우 가입금액을 보험금으로 지급합니다.

2. 실손보상 약관의 경우 (가입금액 = 최대 보험금 지급 한도)

예를 들어 실손의료보험(질병 입원치료비)의 가입금액이 5,000만 원이라면, 최대 5,000만 원을 한도로 실제 질병 치료를 위해 사용된 금액('실'제 '손'해액=실손보상)을 보험금으로 지급합니다.

상호작용 시뮬레이션
실손과 정액보상을 구분하지 못하는 상황

고객: 실손의료보험 가입 후 입원하면 5,000만 원이 나오죠?

설계사: 아니요. 질병 또는 상해 입원의료비의 가입금액은 최대 보상한도를 의미해요.

쉽게 입원 시 실제 병원에 납입한 치료비를 5,000만 원 한도 내에서 보상하죠.

고객: 그런데 암진단비도 가입금액이 5,000만 원인데, 암에 걸리면 해당 금액을 모두 받는다고 하지 않았나요?

설계사: 약관이 서로 달라서 그래요.

같은 가입금액이라도 최대 보상 한도를 표현한 것도 있고 사고 시 지급 보험금을 의미하는 것도 있죠.

고객: 정말 보험은 어렵네요. 보험료와 보험금도 같은 의미로 생각했는데…

설계사: '내는 돈은 보험료, 받는 돈은 보험금'만 기억하면 돼요.

고객: 매번 헷갈렸는데, 설계사님께 제대로 배웠네요.

전용면적을 살피는 것처럼 가입금액의 의미를 확인하세요

동일 면적의 아파트라도 유독 넓어 보이는 집이 있습니다. 같은 84㎡를 분양 받아도 공용면적이 넓으면 전용면적은 좁아집니다. 따라서 분양면적보단 전용면적을 정확하게 확인하는 것이 유리합니다.

보험 증권에 표기된 가입금액도 제대로 이해해야 합니다. 한도 내 실제 손해액만 지급하는 약관에서 가입금액은 최대 보험금 지급 한도를 뜻합니다. 반면 보험금을 정액으로 지급하는 약관에서는 가입금액이 곧 보험금이 됩니다. 이처럼 약관에 따라 증권에 표기된 가입금액의 의미가 달라지기에 주의가 필요합니다.

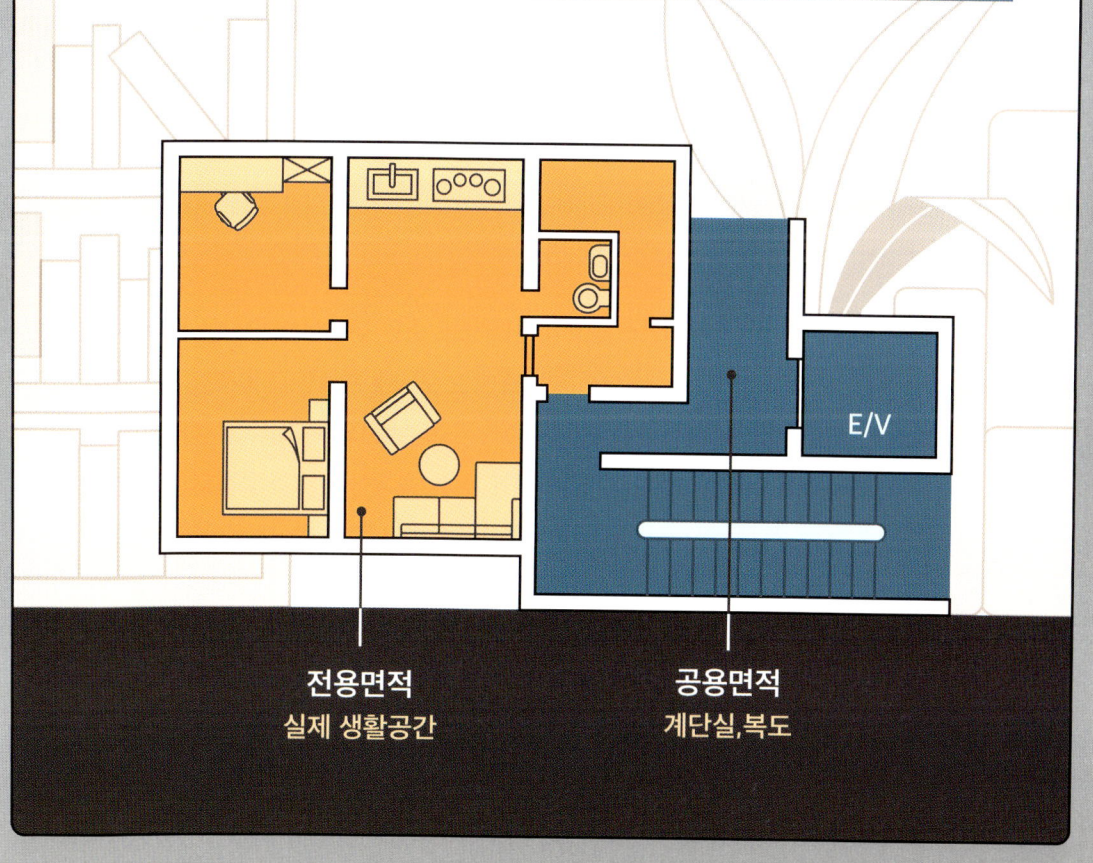

전용면적
실제 생활공간

공용면적
계단실, 복도

1. 보험용어가 너무 어려워요

계약자, 수익자, 피보험자는 누구인가요?

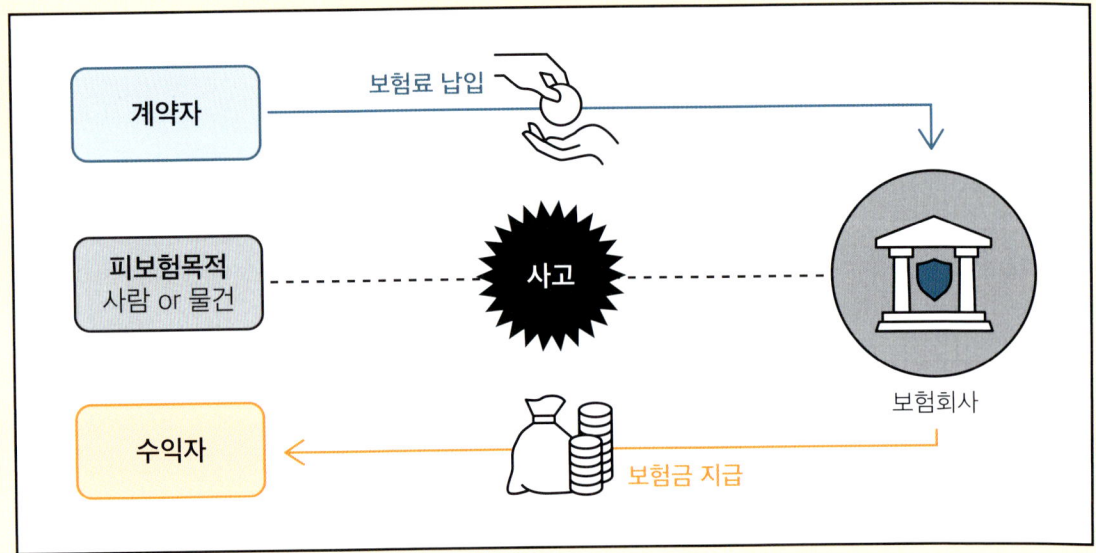

계약자, 피보험자, 수익자는 같거나 다를 수 있음

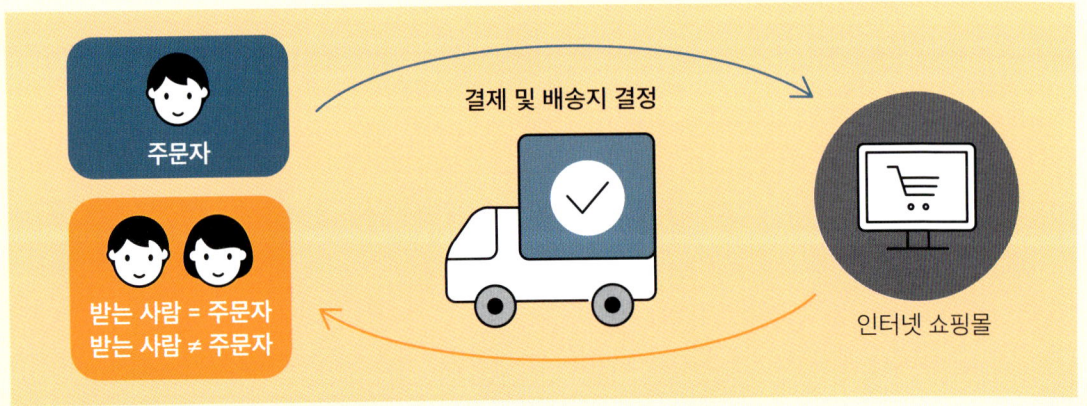

주문자 = 계약자 / 받는 사람 = 수익자

#계약자
#수익자
#피보험목적
#사고의 대상
#사람 또는 물건

계약자, 수익자, 피보험자는 누구인가요?

보험 계약에는 우선 세 명이 필요합니다. 계약자와 보험사 그리고 수익자입니다. 계약자는 계약사항 및 보험금을 누가 받을지 정하고 보험료를 내는 사람입니다. 보험금은 계약자의 결정에 따라 본인 또는 다른 사람에게 지급됩니다. 보험금을 받는 사람이 수익자입니다. 보험금은 보험사가 지급합니다.

보험은 사고 시 보험금을 받기 위한 계약입니다. 계약자는 암보험이나 주택화재보험 등 보험 상품을 선택합니다. 이 결정에 따라 사고가 발생하는 대상이 정해집니다. 사람이 대상이면 이를 피보험자, 물건이면 피보험물이라 부릅니다. 암보험처럼 사람이 사고의 대상인 보험에서 계약자는 본인 또는 다른 사람을 피보험자로 정할 수 있습니다. 피보험자가 암에 걸려야 보험금이 지급됩니다.

살펴본 개념을 인터넷 쇼핑에 비유하면 쉽게 이해됩니다. 물건을 고르고 배송지를 정하는 것은 주문하는 사람의 마음입니다. 이 결정에 따라 쇼핑몰은 배송지로 물건을 보냅니다. 또한 결제도 주문자가 진행합니다. 물건을 받는 사람은 주문한 사람일 수도 있고 아닐 수도 있습니다. 주문자가 곧 계약자입니다. 택배를 받는 사람이 수익자가 됩니다.

큰 재난이나 사고 후 사망자의 사망보험금을 두고 가족 간 분쟁이 발생하거나 오래전 집을 나간 부모가 사망보험금의 일부 권리를 주장하는 등의 뉴스를 자주 봅니다. 이런 일은 계약자가 사망 수익자를 따로 지정하지 않아 기본값인 법정상속인이 사망 수익자로 지정되었기 때문에 발생합니다. 따라서 사망보험금 분쟁을 막기 위해서는 계약자가 미리 수익자를 지정하는 것이 필요합니다. 계약 체결 당시 지정하지 못했더라도 계약자가 원하면 언제든지 수익자 지정이 가능합니다.

상호작용 시뮬레이션
수익자지정을 모르는 상황

 남편분 사망보장은 많이 가입되어 있네요.

시어머니가 보험을 좋아해요. 총각 때부터 보험료도 직접 내주셨어요. 그런데 남편 사망보험금은 제가 받죠?

 시어머니가 보험료까지 내셨다면 계약자일 확률이 높은데… 보험금을 받는 수익자는 계약자가 정하거든요.

그게 무슨 말이죠?

남편이 죽으면 애들도 제가 키워야 하는데… 당연히 제가 받는 것이 아닌가요?

보험금은 수익자에게 지급돼요.

법정상속인으로 수익자를 지정했다면 배우자와 자녀가 받겠지만 시어머니라면 그분이 받아요.

그럼 어떻게 확인해요? 변경할 수도 있나요?

계약자에게 모든 권한이 있어 계약자가 누구인지부터 확인해 보시죠.

계좌번호와 예금주를 확인하듯 수익자를 점검하세요

타인에게 돈을 보낼 때 모바일 뱅킹을 활용합니다. 간편송금 방식이 편리하지만 그만큼 착오송금 위험도 높아지고 있습니다. 2021년 금융감독원 자료에 따르면 5년간 간편송금으로 돈을 잘못 보낸 사례가 56,000건에 이르고 금액도 약 130억 원이나 됩니다. 원하는 사람에게 정확하게 돈을 보내기 위해서는 계좌번호와 예금주를 잘 확인해야 합니다.

보험금도 꼭 필요한 사람이 받기 위해서는 수익자를 점검하는 것이 필요합니다. 대다수 계약이 체결 당시 수익자를 따로 지정하지 않아 법정상속인으로 정해집니다. 혹은 보험금을 받지 말아야 할 사람이 수익자로 지정된 경우도 있습니다. 이런 일을 막기 위해서는 수익자가 누구인지 확인해야 하고 잘못 지정된 경우 사고 전 변경이 필요합니다.

수익자는 보험증권에서 확인할 수 있습니다. 하지만 그 전에 계약자를 확인하는 것이 중요합니다. 증권 재발행을 요청하고 수익자를 변경할 수 있는 사람이 계약자이기 때문입니다.

1. 보험용어가 너무 어려워요
납입기간과 보험기간은 다른 기간인가요?

할부로 구입하는 것

보험, 주택, 자동차 등 납입기간과 사용기간 차이 발생

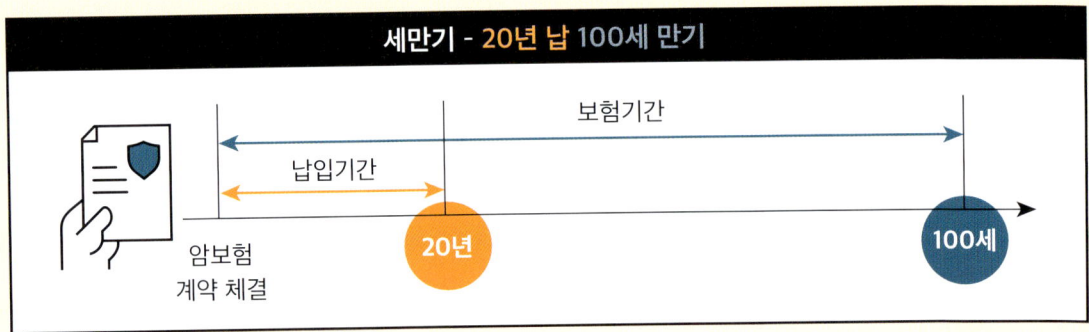

세만기 - 20년 납 100세 만기

연만기 - 20년 납 30년 만기

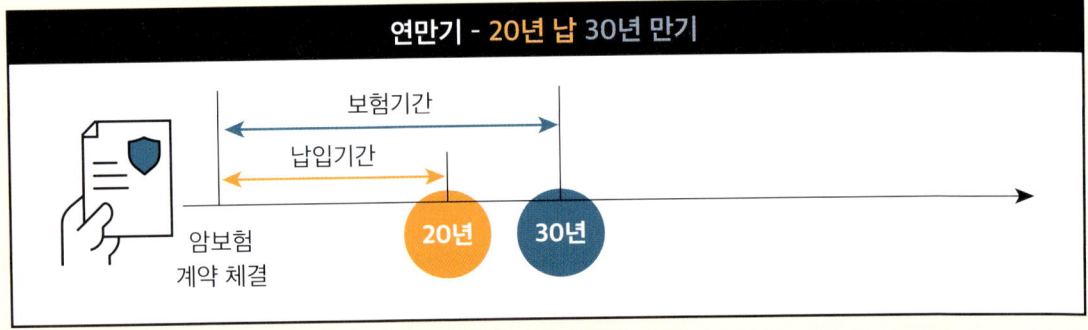

보험가입	계약	주택구입
보험료 납입기간	할부기간	상환기간
보험기간	효용기간	거주기간

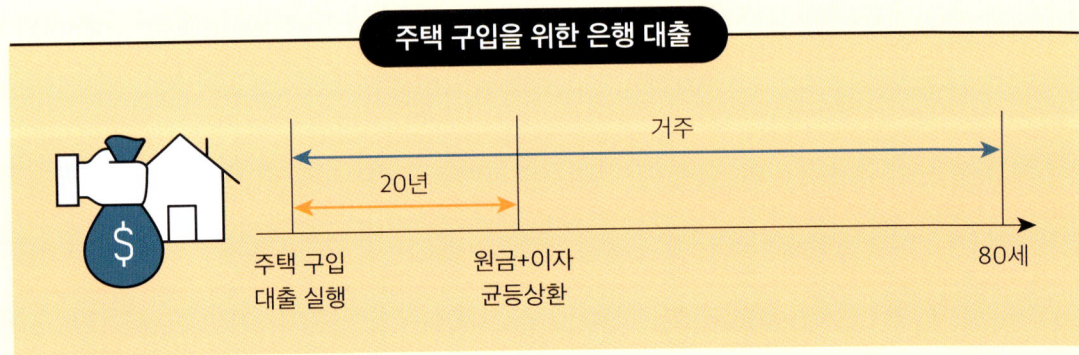

주택 구입을 위한 은행 대출

#할부
#납입기간
#보험기간
#연만기
#세만기

납입기간과 보험기간은 다른 기간인가요?

보험이나 주택 등 비싼 물건은 부담을 줄이기 위해 할부로 구입합니다. 매달 내는 보험료는 할부 계약의 월 할부금으로 이해할 수 있습니다. 20년 납, 30년 납과 같은 것이 보험계약의 할부금을 내야하는 기간입니다. 이를 '납입기간'이라 부릅니다.

보험계약의 목적은 보장입니다. 보장을 받는 기간인 '보험기간'은 두 가지 방식으로 정할 수 있습니다. 보험기간을 피보험자의 나이(세)로 정하는 것을 '세만기'라 부릅니다. 흔히 가입하는 '20년 납 100세 만기'는 '20년 간 보험료를 나누어 내고 피보험자의 나이가 100세 될 때까지 보장한다'라는 의미입니다.

계약일로부터 특정 '년'까지를 보험기간의 끝으로 정할 수도 있습니다. 이를 '연만기'라 부릅니다. '20년 납 30년 만기'는 '20년 간 보험료를 나눠 내고 계약일로부터 30년까지 보장한다'라는 의미입니다. 연만기에서 납입기간과 보험기간이 같은 계약도 있습니다. 예를 들어 '20년 납 20년 만기'인데, 이를 '보험기간 전 기간에 걸쳐 납입한다'란 의미로 '전기납'이라 부릅니다.

살펴본 개념을 주택구입에 비유하여 쉽게 이해할 수 있습니다. 집의 가격은 비싸기에 대다수가 주택담보대출을 받아 구입한 후 대출금을 할부로 갚아 나갑니다. 20년 원리금(원금+이자) 균등상환일 때 20년은 대출금을 갚는 기간입니다. 납입기간이 이와 유사합니다. 하지만 집에 들어가 사는 것은 구입 계약과 동시에 이뤄집니다. 이후 30년 뒤 또는 본인 나이 80세까지 자신이 원하는 기간까지 거주할 수 있습니다. 이는 보험기간과 비슷한 개념입니다.

끝으로 '보장기간'이란 말을 많이 쓰지만 약관의 정확한 표현은 '보험기간'입니다. 약관에서 보험기간은 '보험계약에 따라 보장을 받는 기간'으로 정의됩니다.

세만기와 연만기	
세만기	연만기
피보험자의 나이로 보험기간을 정함	체결일로부터 특정기간을 보험기간으로 정함

상호작용 시뮬레이션

납입기간과 보험기간을 모르는 상황

고객: 지난달 보험료가 적게 빠졌던데 왜 그래요?

설계사: 운전자보험 납입기간이 끝나서 그래요.

고객: 그럼 이제 보장받지 못하나요?

설계사: 보험료를 내는 기간이 끝난 것이죠.
보장은 지금부터 15년 뒤까지 가능해요.

고객: 조금 어려운데 무슨 말인가요?

설계사: 운전자보험을 5년 납 20년 만기로 가입하셨어요.
20년 동안 보장받을 보험료를 지난 5년간 미리 낸 것이죠.

고객: 아, 그럼 이제 남은 기간 보장만 받으면 되네요.

설계사: 맞아요. 자동차보험처럼 1년 치 보험료를 내면
해당 기간만 보장받는 보험도 있지만 대부분 보험기간이
3년 이상인 장기보험에 많이 가입하죠.

설계사: 그때 보통 20년 납 100세 만기처럼 보험료를
내는 기간과 보장을 받는 기간이 달라져요.

상환 기간에 따라 원리금이 달라져요

대출을 받을 때 원금은 상환기간의 영향을 받지 않습니다. 하지만 이자가 달라져 원리금(원금+이자)이 변합니다. 이 때문에 상환기간 설정은 채무자의 상황에 따라 달라집니다. 만약 10년 상환이면 이자 부담은 적지만 기간이 짧아 매달 갚아야 하는 원리금이 부담됩니다. 반면 30년 동안 나눠 갚으면 매달 내는 금액은 줄어들지만 이자가 커져 총 원리금은 늘어납니다.

보험료 납입기간과 만기 선택도 대출금을 갚는 것과 비슷한 고민이 필요합니다. 납입기간이 짧으면 월 보험료 부담은 크지만 총 납입 보험료가 적어집니다. 반면 길면 월 보험료 부담은 경감되지만 전체 보험료는 많아집니다. 연만기와 세만기를 선택하고 보험기간을 정하는 것도 계약자의 상황에 알맞게 설계해야 합니다.

보험 설계에 완벽한 정답은 없습니다. 하지만 계약자와 피보험자의 상황을 고려한 맞춤 설계가 가장 좋은 것임은 분명합니다.

대출금액	1억 원
대출기간	120개월
월 상환금	965,607원
총이자	15,872,893원

대출금액	1억 원
대출기간	360개월
월 상환금	421,604원
총이자	51,777,452원

1. 보험용어가 너무 어려워요
보험은 언제부터 보장되나요?

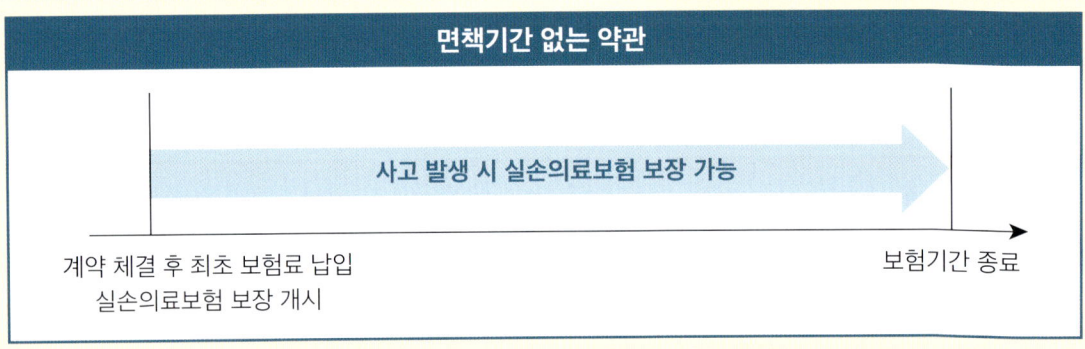

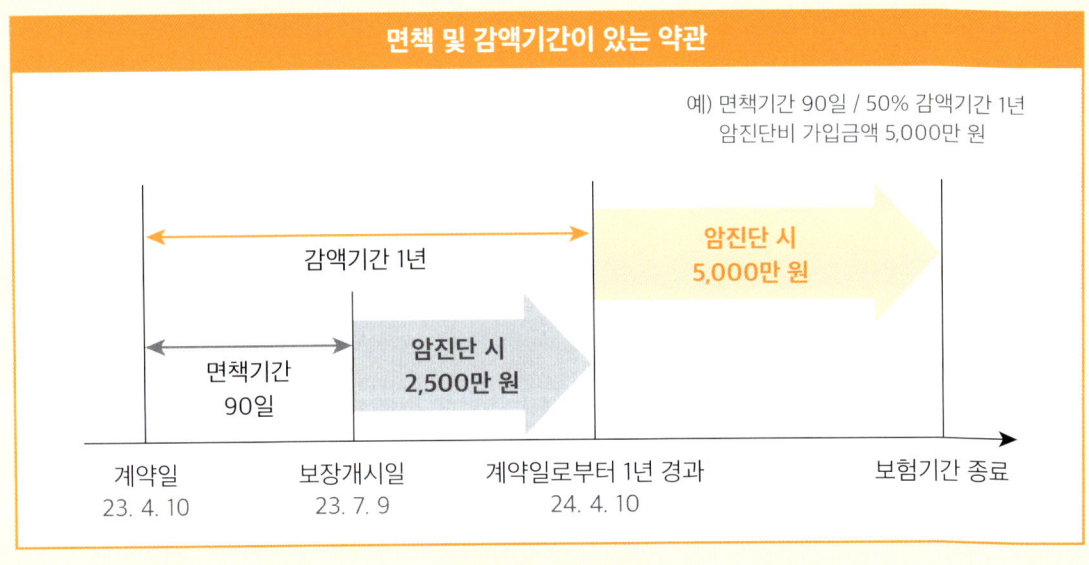

인포그래픽으로 쉽게 풀어낸 보험상식

#계약일
#최초 보험료 납입
#면책기간 유무
#감액기간

보험은 언제부터 보장되나요?

약관에 따라 보장이 시작되는 날짜가 달라질 수 있습니다. 면책기간의 존재 때문입니다. 면책기간이 없는 대다수의 약관은 최초 보험료 납입일이 계약일이 됩니다. 이 경우 계약일로부터 보험기간 종료까지 발생한 사고에 대해 보장이 가능합니다.

반면 암진단비 등 특정약관은 면책기간과 감액기간이 존재합니다. 면책기간 90일, 감액기간 1년 50%인 암진단비 약관은 보장개시일이 달라집니다. 예를 들어 23년 4월 10일 보험계약을 체결하고 최초 보험료를 납입하면 해당 계약일로부터 90일 이내 암진단은 보험금을 청구할 수 없습니다. 면책기간 내 보험사고(암진단)이기 때문입니다. 면책기간은 '보험금을 지급하지 않는(면책) 기간'입니다.

면책기간이 지났더라도 감액기간을 주의해야 합니다. 면책기간 경과 후 보장이 시작되더라도 감액기간 내 암진단을 받은 경우에는 가입금액의 50%만 지급됩니다. 암진단비 청구 시 가입금액 5,000만 원이 아닌 50%인 2,500만 원을 지급합니다. 계약일로부터 1년 경과한 시점부터 보험기간 종료까지 암진단을 받을 경우에만 가입금액 전액인 5,000만 원을 보험금으로 받을 수 있습니다.

살펴본 개념은 스마트폰을 구입하는 것에 비유하여 쉽게 이해할 수 있습니다. 이미 출시된 스마트폰은 바로 구입할 수 있고 개통 후 즉시 통화가 가능합니다. 이는 면책기간이 없는 약관과 유사합니다. 하지만 출시 전인 스마트폰은 사전 예약으로 인해 결제를 해도 즉시 개통이 불가능합니다. 이는 보험료는 냈지만 즉시 보장받지 못하는 면책기간이 있는 약관으로 이해할 수 있습니다.

보험사기 및 역선택을 막기 위한 장치

면책 및 감액기간이 존재하는 이유는 보험사기 및 역선택 때문입니다. 암으로 진단받은 것을 속이고 부당하게 보험금을 받을 목적으로 보험에 가입하는 것이 보험사기입니다. 또한 건강에 이상이 생겨 암 진단 가능성이 높은 것을 인지하고 보험에 가입하는 것이 역선택입니다. 이런 행위는 해당 계약에 정당하게 가입한 불특정 다수의 보험료를 인상하게 만드는 주요 원인입니다. 보험계약은 이런 문제를 사전에 예방하기 위해 면책 및 감액기간 같은 제도를 운영하여 보험료의 신뢰도를 높입니다.

상호작용 시뮬레이션

면책기간과 감액기간을 모르는 상황

설계사: 암진단비 5,000만 원을 포함하여 계약이 체결되었어요.

고객: 이제 마음이 좀 놓이네요. 40대가 되니 주변에 암 환자가 많아져서 걱정이 컸거든요.

설계사: 나이 들면 질병 위험이 높아지는 것이 당연한데도 받아들이기가 쉽지 않죠.

고객: 그럼 다음 달에 건강검진 예약해도 돼요?

설계사: 오늘부터 90일이 지난 뒤에 예약하세요. 암진단비 등은 면책기간이 있어 계약일로부터 90일 이내 사고는 보험금이 지급되지 않아요.

고객: 가입 후에도 주의할 점이 있네요. 그럼 90일만 지나면 문제없죠?

설계사: 면책기간이 지나도 1년 감액기간이 있어요. 이때 암 진단을 받으면 가입금액의 절반만 지급돼요.

고객: 참 복잡하네요. 어떻게 다 기억하죠?

설계사: 제가 챙겨 드릴게요. 다만 앞으로 응급이 아니라면 병원 가기 전 저에게 꼭 연락을 주세요.

청약통장과 특정 약관은 가입 후 바로 사용할 수 없어요

사회 초년생의 재테크 1순위는 청약통장입니다. 미리 만들어 두고 특정 조건을 맞춰야 사용할 수 있기에 소득 활동 초기부터 가입이 권장됩니다. 청약통장 사용에 조건이 붙는 이유는 부동산 경기 과열을 방지하고 해당 지역 실거주자에게 혜택을 주기 위한 정부의 방침 때문입니다.

특정 보험약관도 청약통장처럼 가입 후 바로 쓸 수 없는 조건이 있습니다. 면책기간이 있는 약관은 계약일로부터 일정 기간이 지나야 보장이 시작됩니다. 또한 면책기간이 지나도 감액기간이 있어 주의가 필요합니다. 이는 보험사기와 역선택을 막아 다수의 가입자를 보호하기 위해 만들어진 제도입니다. 만약 부당한 보험금이 지급되면 선량한 가입자의 보험료가 오르기 때문입니다.

따라서 보험 가입 후 건강검진을 받을 때는 면책 및 감액기간이 있는 약관에 가입한 것은 아닌지 확인해야 합니다.

1. 보험용어가 너무 어려워요
보험약관과 보험증권은 다른 문서인가요?

보험약관	설계	보험증권
가입한 상품에서 선택할 수 있는 전체 약관		내가 선택한 개별약관과 보험료

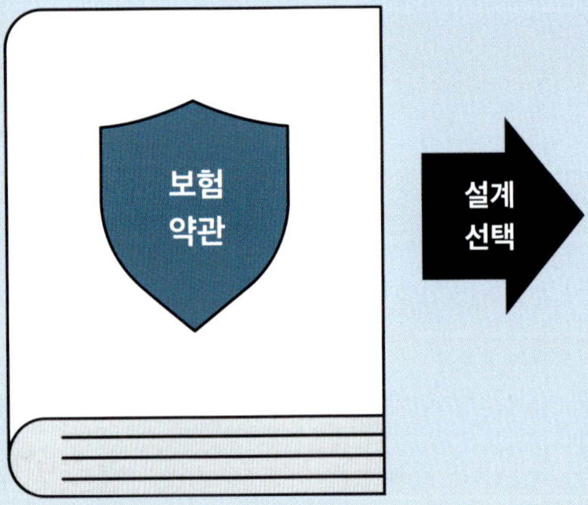

보험약관 → 설계 선택 → 보험증권

약관	가입금액	보험료
질병사망	5,000만 원	20,000원
암진단비	5,000만 원	10,000원
입원일당	5만 원	5,000원
...		
총보험료		110,000원

마트	카트담기	영수증
살 수 있는 모든 물건이 있는 곳		내가 산 물건의 목록과 가격

품목	수량	가격
참치캔	2개	5,000원
라면	10개	6,000원
사과	6개	10,000원
...		
총합		55,000원

인포그래픽으로 쉽게 풀어낸 보험상식

#보험약관
#보험증권
#설계
#고객의 선택
#선택의 결과

보험약관과 보험증권은 다른 문서인가요?

보험은 만들어진 공산품을 구매하는 것이 아닙니다. 설계에 따라 동일한 상품도 다양한 계약이 수없이 만들어집니다. 이런 이유로 약관과 증권을 정확하게 구분할 줄 알아야 합니다.

보험계약을 한 고객이 두꺼운 책자 형태로 받게 되는 것이 보험약관입니다. 여기에는 해당 상품에서 선택할 수 있는 모든 개별 약관이 포함되어 있습니다. 목차를 보면 적게는 수십 개에서 많게는 수백 개가 넘는 개별약관이 존재합니다. 이 중 설계를 통해 고객이 원하는 개별 약관을 선택하고 납입기간과 보험기간 등을 정합니다. 전체 약관에서 고객이 선택한 약관과 계약조건 그리고 보험료를 표기한 문서가 보험증권입니다.

보험약관과 증권은 마트에 비유하여 쉽게 설명할 수 있습니다. 여러 물건이 있는 마트는 보험약관으로 이해할 수 있습니다. 우리는 원하는 물건을 선택하여 계산대로 가져갑니다. 계산 후 받은 영수증에는 내가 산 물건의 목록과 가격이 표기됩니다. 마트에서 물건을 고르는 행위가 설계입니다. 그리고 구매한 물건의 목록과 가격을 표기해주는 영수증은 보험증권으로 이해할 수 있습니다.

보장분석은 증권과 약관을 함께 확인

보장분석에는 고객이 가입한 보장의 정보가 필요합니다. 이를 위해 우선 증권을 받아야 합니다. 증권은 보험사 콜센터에 계약자가 전화를 걸어 이메일 등으로 받을 수 있습니다. 재발행 비용은 원래 계약자가 부담하는 것이 원칙이지만 비용이 매우 적어 일반적으로 무료로 발행됩니다. 증권을 통해 고객이 가입한 특별약관이 무엇인지 확인한 후 약관을 살펴야 정확한 보장분석이 가능합니다. 약관은 각 보험사 홈페이지 상품공시실에서 전자 약관을 내려 받아 확인할 수 있습니다.

상호작용 시뮬레이션
증권을 가지고 있지 않는 상황

설계사: 보장 분석을 해보니 암 진단비는 꽤 많이 가입하고 있어요.

고객: 가족력이 있어서... 여성암이 가장 걱정이 돼요.

설계사: 유방암이나 난소암 등 여성암은 유전적 영향이 큰 암이죠.

고객: 암 진단비를 많이 가입하고 있으니 여성암도 문제없죠?

설계사: 정확한 보장 내용은 증권을 봐야 알 수 있어요.

고객: 증권이요? 보험 가입할 때 준 책 말이죠?

설계사: 그건 보험 약관이에요.

설계사: 약관은 내가 가입하지 않은 것도 다 나와 있지만, 증권은 내가 가입한 것만 표기되어 보장 내용을 정확하게 알 수 있죠.

고객: 증권이 없는데 어떻게 하나요?

설계사: 계약자가 가입한 보험사 콜센터에 요청하면 이메일 등으로 언제든지 받을 수 있어요.

모든 메뉴를 다 주문할 필요는 없어요

외식을 할 때 매번 무엇을 먹을지 고민합니다. 한식이나 양식 등 큰 범위를 정하고 식당에 들어가도 음식을 고르는 일은 쉽지 않습니다. 가장 좋은 방법은 메뉴판의 모든 음식을 주문하는 것이지만 그럴 수 없기에 고민스럽습니다.

보험에 가입할 때도 먼저 식당을 정하듯 가입할 상품을 선택해야 합니다. 이후 그 상품에서 선택할 수 있는 특약을 살펴보며 무엇에 가입할지 고민합니다. 식당의 메뉴판처럼 보험 상품에서 선택할 수 있는 모든 보장을 모아 둔 것이 '보험약관'입니다.

메뉴판에 있는 모든 것을 다 주문할 필요가 없듯 약관을 다 가입할 필요는 없습니다. '보험약관'에서 선택할 수 있는 특약 중 필요한 것만 선택하면 됩니다. 식당에서 주문을 하면 계산서를 줍니다. 거기에는 선택한 음식과 가격이 나와 있습니다. 이와 유사하게 보험계약을 체결하면 '보험증권'을 받습니다. 여기에는 계약자가 선택한 특약과 보험료가 표기됩니다.

2. 설계와 가입 시 고민이 많아요

사례툰으로 보는 일상 속 보험

2. 설계와 가입 시 고민이 많아요
보험은 꼭 가입해야 하나요?

암에 걸려 5,000만 원이 필요한 상황

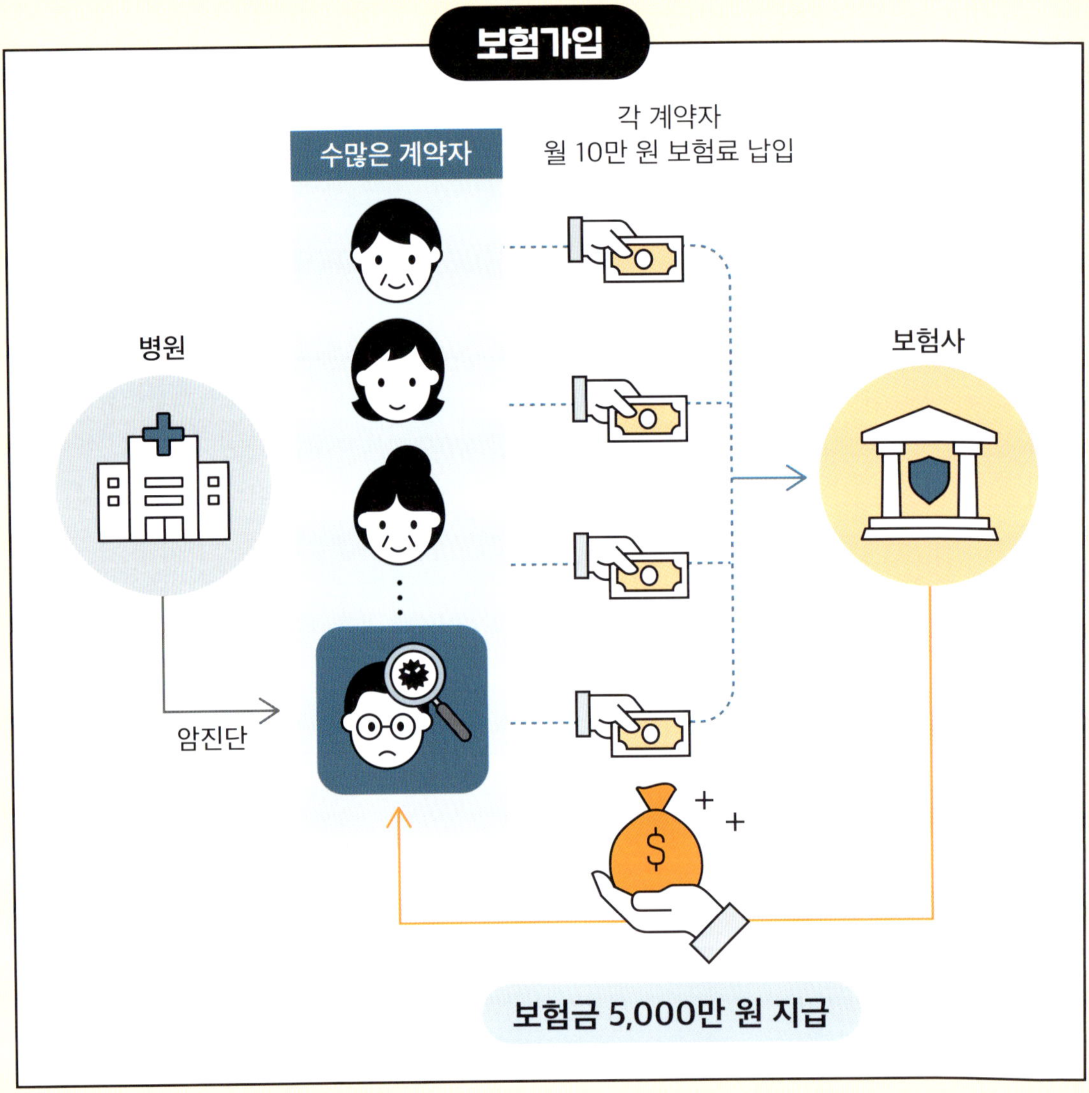

보험가입

- 수많은 계약자
- 각 계약자 월 10만 원 보험료 납입
- 병원 → 암진단
- 보험사
- 보험금 5,000만 원 지급

보험 미가입

"갑자기 큰 돈을 어디서 마련하지?"
"은행 대출을 받아야 하나? 적금을 해약할까?"

#예고 없는 사고
#돈이 필요한 사고
#적은 보험료
#큰 보험금

보험은 꼭 가입해야 하나요?

살다 보면 불행한 사고를 경험하기도 합니다. 가장이 갑작스럽게 사망하거나 암에 걸릴 수 있습니다. 또 집에 불이 나거나 교통사고의 가해자가 되어서 큰 돈을 물어줘야 하는 일이 생길 수 있습니다. 사고가 나면 이를 수습하기 위해 큰 돈이 필요합니다.

이 돈을 마련하는 가장 효율적인 방법은 보험에 가입하는 것입니다. 보험은 다수의 계약자가 낸 돈을 보험사가 모아 사고를 당한 사람에게 큰 보험금으로 돌려주는 구조입니다. 많은 사람이 소수의 사고 당사자를 위해 보험료를 내기 때문에 보험료는 지급받을 보험금에 비해 굉장히 저렴합니다.

만약 사고가 났는데 보험에 가입하지 않았다면 큰 돈을 직접 마련해야 합니다. 모아 둔 돈이라도 있으면 다행이지만 그렇지 않을 경우 대출을 받아야 합니다. 하지만 사고 후 은행은 돈을 갚을 능력이 없다고 판단할 가능성이 높아 돈을 빌리는 것도 쉽지 않습니다.

예고 없이 찾아오는 사고를 대비하기 위해 적금에 가입하거나 주식에 투자하는 사람은 없습니다. 이처럼 보험 가입의 목적은 사고 후 보장입니다. 이는 다른 금융과 비교하거나 대체할 수 없는 보험만의 고유한 기능입니다.

> 은행은 날씨가 맑을 때 우산을 빌려준다. 그렇지만 비가 오려고 하면 우산을 돌려 달라고 한다.
> 보험회사는 날씨가 맑을 때 우산을 보관하고 있다가 비가 오면 돌려준다.
>
> - 마크 트웨인, 미국 소설가 (1835 ~ 1910)

상호작용 시뮬레이션
보험의 중요성을 느끼지 못하는 상황

저는 아직 젊어서 보험보다는
투자를 위한 돈을 모으고 싶어요.

 젊다고 건강을 확신할 순 없어요.
아프면 돈을 모으는 계획도 틀어지죠.

친구들도 보험이 없던데... 꼭 필요한가요?

 우리는 이미 보험에 가입하고 있어요.

제가요? 전 보험에 가입한 적이 없어요.

몸이 아프면 부담 없이 병원에 가죠?

 그 이유는 누구나 가입하고 있는 국민건강보험
때문이죠. 고객님도 가입하고 있어요.

아...

계획한 일을 하는데 필요한 비용을 보험이라
생각하세요. 돈을 모으다 아프면 치료비로 써야 하죠.
 그런데 보험이 있으면 돈을 계속 모을 수 있어요.

대다수의 사람들은 보험을 통해 알 수 없는 미래를 대비해요

국민 누구나 아프면 병원에 가고 실직 후 재취업까지 부담을 덜 수 있는 이유는 보험 때문입니다. 국민건강보험이나 고용보험은 모두 국가가 가입을 강제하는 공보험입니다. 이처럼 보험은 우리 일상을 지키는 매우 중요한 역할을 수행하기에 특정 보험은 국가가 운용하고 의무적으로 가입시킵니다. 이 때문에 '보험은 필요 없다'고 말하는 사람도 사실 보험에 가입되어 혜택을 누립니다.

그런데 공보험만으로는 부족합니다. 따라서 개인적으로 보험에 추가로 가입하는 일이 흔합니다. 예를 들어 국민건강보험에 가입 중이지만 실손의료보험에 추가로 가입하듯 많은 사람이 보험을 통해 스스로와 가족의 미래를 지키고 있습니다. 실제 2019년 보험연구원의 보험소비자 설문조사에 따르면 가구당 보험 가입률은 98.2%이며, 개인 보험 가입률도 95.1%에 이릅니다.

이처럼 누구나 이미 보험에 가입 중이며, 보험이 필요하지 않은 사람은 없기에 알 수 없는 미래를 대비하기 위한 현명한 선택이 필요합니다.

1장 [고객이 자주 묻는 보험상식 대표 질문] 설계사님 질문 있어요

2. 설계와 가입 시 고민이 많아요
보장점검은 왜 해야 하나요?

보험금으로 사고를 처리하기 위한 세 조건

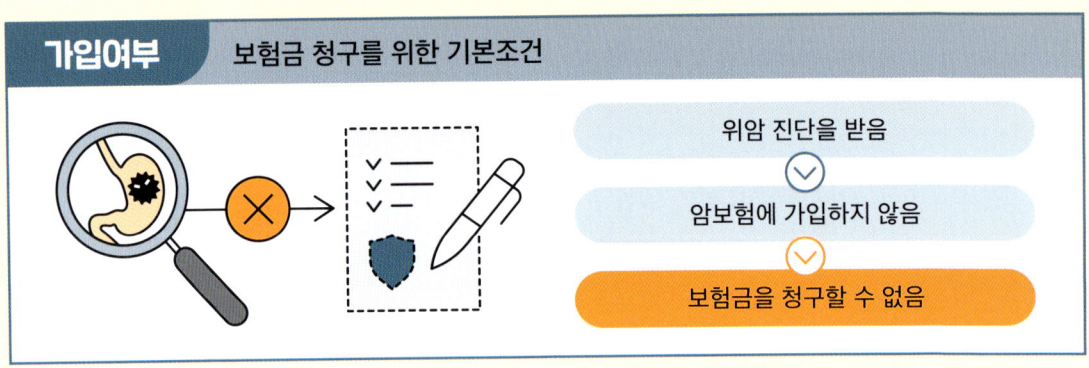

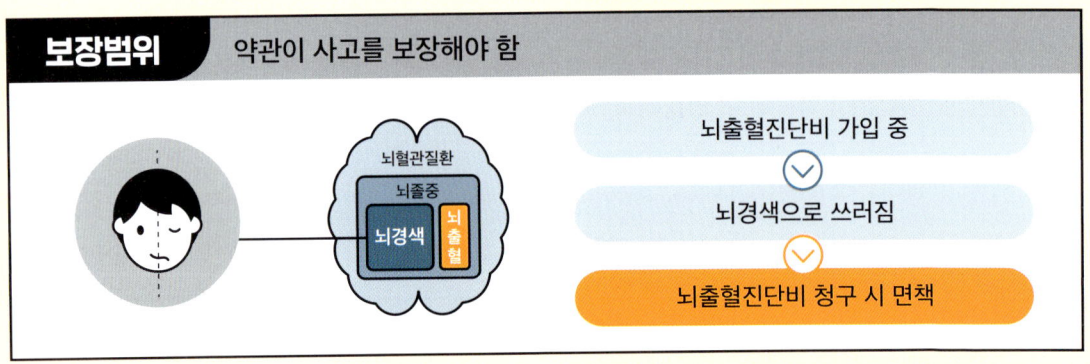

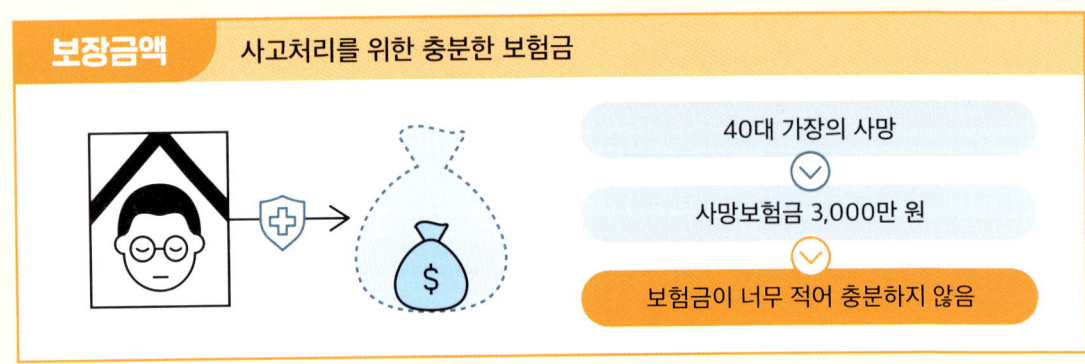

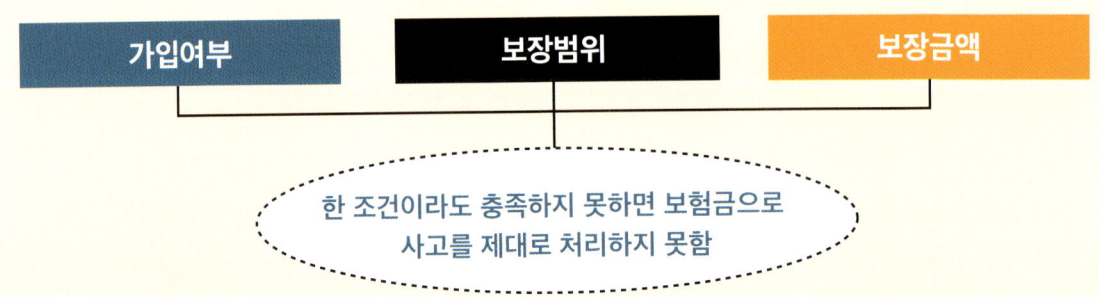

#보험금의 조건
#가입여부
#보장범위
#보장금액
#사고 후 보험금

보장점검은 왜 해야 하나요?

보험은 꽤 비싼 상품입니다. 월 10만 원의 보험료를 20년 납으로 가입하면 총 납입보험료는 2,400만 원입니다. 계약자가 매달 부담스러운 보험료를 내는 이유는 사고 발생 시 보험금 때문입니다. 하지만 매달 보험료를 내고도 보험금을 받지 못하거나 받더라도 금액이 너무 적어 곤란한 일을 당하는 경우가 흔합니다. 따라서 보장점검을 통해 보험금을 충분히 받을 수 있는지 확인하는 것이 필요합니다.

보험금을 위한 보장점검에는 세 가지 기준을 적용하면 됩니다.
첫째, 가입여부입니다. 주택화재보험에만 가입한 사람은 암에 걸려도 보험금을 청구할 수 없습니다. 암보험에 가입하지 않았기 때문입니다. 둘째, 보장범위입니다. 뇌출혈진단비에 가입 중이라면 뇌경색으로 쓰러진 경우 보험금을 청구해도 보험금이 지급되지 않습니다. 뇌출혈진단비의 보장범위는 뇌경색을 보장하지 않기 때문입니다. 셋째, 보장금액을 점검해야 합니다. 40대 가장이 갑작스럽게 사망했는데 사망보험금이 3천만 원이라면 남겨진 가족에게는 턱없이 부족한 돈입니다. 보험금이 나오더라도 사고처리를 위한 충분한 보험금이 확보되어야 합니다.

세 조건 중 하나라도 충족하지 못하면 보험금이 나오지 않거나 부족하여 어려운 상황에 빠지게 됩니다. 이를 예방하기 위해 보장점검을 주기적으로 받는 것이 필요합니다.

과도한 보장이나 보험료도 점검이 필요

보험금이 나오는지 그리고 충분한지도 중요한 문제지만 사고 발생까지 계약을 유지하는 것도 중요합니다. 소득 수준에 비해 보험료가 너무 비싸면 계약을 유지할 수 없습니다. 따라서 보장점검은 최우선적으로 보험금 지급 여부를 확인하고 계약 유지를 위한 전반적인 상황을 고려하여 진행하는 것이 필요합니다.

상호작용 시뮬레이션
가입 중인 보험을 믿지 못하는 상황

설계사: 보험료를 많이 내고 계시네요.

고객: 제가 불안감이 좀 커요. 보험이라도 가입하면 안심될 것 같아서요.

설계사: 여유만 되면 보험을 넉넉하게 준비하면 좋죠.

고객: 그런데 가입한 보험의 내용을 제대로 몰라 더 불안해요. 해결 방법은 없을까요?

설계사: 보장점검을 받은 적은 있으세요?

고객: 만나는 설계사마다 가입만 강요해서요. 점검을 받으면 또 가입해야 하는 거죠?

설계사: 그렇지 않아요. 지금 내는 보험료가 과도한 것은 아닌지, 보장은 제대로 되어 있는지 이해하고 직접 선택하면 돼요.

고객: 정말 제가 자유롭게 선택할 수 있나요?

설계사: 많은 분이 사고 후에 잘못 가입된 보험 때문에 후회하죠. 스스로 이해하고 선택하면 그런 위험이 없어지니 제대로 된 보장점검부터 받아보세요.

우산과 보험은 미리 점검하지 않으면 후회해요

갑자기 비가 내려 챙겨 온 우산을 펼쳤는데 망가져 있으면 난감합니다. 또한 우산이 아닌 양산을 잘못 챙긴 경우에도 비를 막을 수 없습니다. 비가 내릴 때는 양산이 아닌 멀쩡한 우산이 필요합니다. 따라서 우산의 상태를 미리 점검하고 양산은 아닌지 확인해야 합니다.

가입 중인 보험도 사고 발생 전 점검이 필요합니다. 사고 후 보험금이 지급되지 않으면 큰 문제가 생깁니다. 이를 해결하기 위해 사고 전 가입 중인 보험이 목적한 위험 대비에 맞는지, 보험료나 보장은 부족하거나 과하진 않는지 점검해야 합니다.

비가 내리기 전 우산을 확인하듯 사고 전 가입 중인 보험도 미리 점검해야 보험금 지급에 문제가 생기지 않습니다.

2. 설계와 가입 시 고민이 많아요
기본계약(주계약)은 반드시 가입해야 하나요?

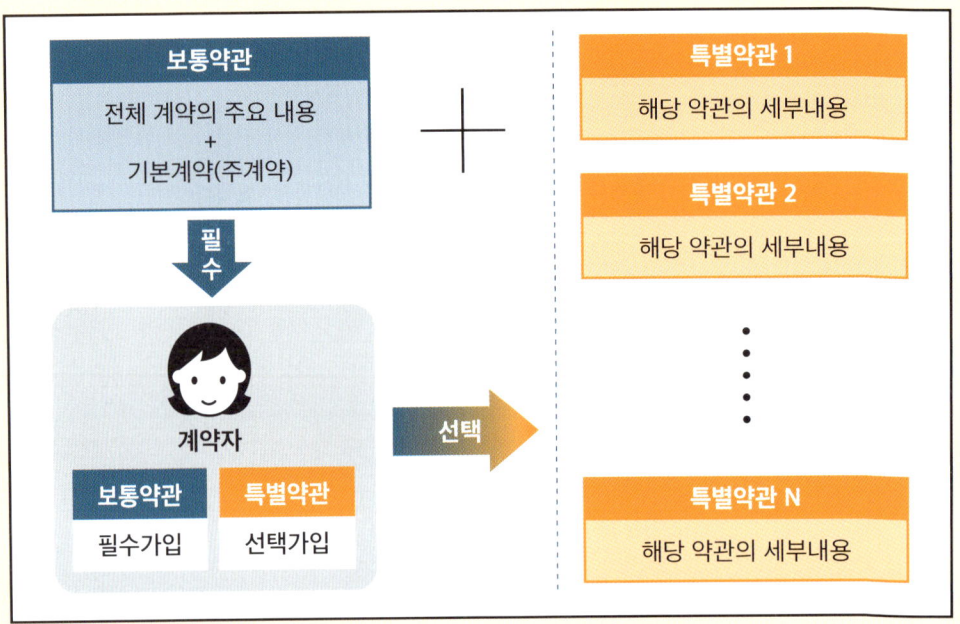

보험 약관 구조

보통약관만 가입

설계과정

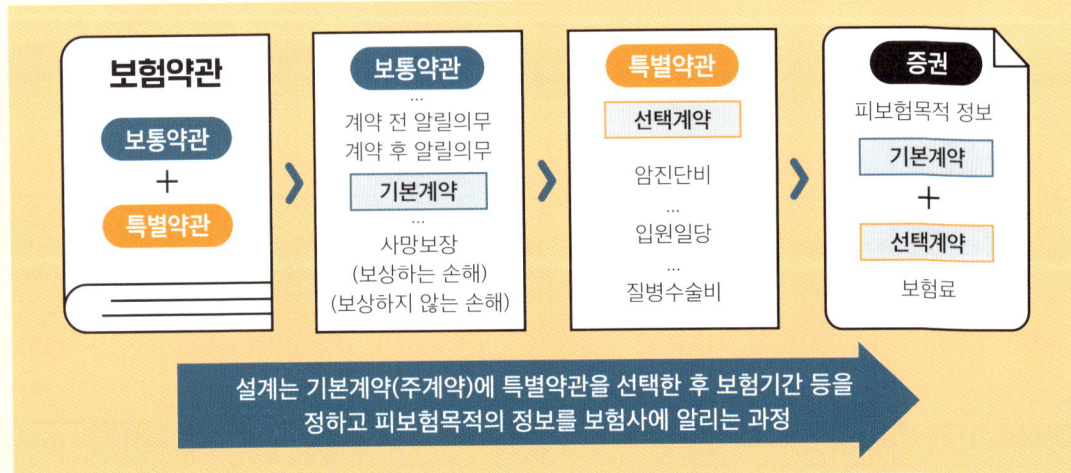

#기본계약
#주계약
#보통약관
#특별약관
#보험계약 조건

기본계약(주계약)은 반드시 가입해야 하나요?

보험은 동일하게 만들어진 상품을 구입하는 것이 아닙니다. 계약자의 의사와 피보험자(피보험물)에 맞게 보험상품을 맞추는 설계라는 과정이 있습니다. 계약자는 설계를 통해 만들어진 상품을 구매하는 것입니다.

약관은 보통약관과 특별약관으로 구성됩니다. 설계의 핵심은 보통약관에 필요한 특별약관을 선택하여 붙이는 것입니다. 계약 체결을 위해서는 보통약관은 필수적으로 가입해야 하고 특별약관은 필요한 것만 선택 가입할 수 있습니다. 특별약관의 선택 없이 보통약관만 가입하는 경우에도 보험계약이 성립됩니다. 단 보험계약이기에 미래의 사고를 보장하는 내용이 포함되어야 합니다. 따라서 보통약관에는 해당 계약을 가입할 때 필수적으로 따라붙는 기본계약(주계약)이 포함됩니다.

설계과정은 기본계약(주계약)에 필요한 특별약관을 추가하고 보험기간이나 가입금액 등을 정한 후 피보험목적의 정보를 보험사에 알리는 것이 핵심입니다. 이를 통해 보험사는 보험료를 산출하고 계약자는 보험계약에 가입할 수 있게 됩니다.

기본계약 = 주계약

손해보험	생명보험
기본계약	주계약

장기보험에서 보통약관에 포함된 필수적인 보장을 손해보험에서는 기본계약, 생명보험에서는 주계약이라 부릅니다. 피보험목적이 사람인 인(人)보험에서는 주로 사망보장이 필수보장으로 포함됩니다. 보통약관에 포함된 보장의 내용에 따라 상품의 영역이 달라질 수 있습니다. 예를 들어 운전자보험의 기본계약이 사망일 때는 제3보험이지만 교통사고처리지원금 등 비용손해일 때는 비용손해보험으로 감독기관에 신고됩니다.

상호작용 시뮬레이션

기본계약을 이해하지 못하는 상황

설계사: 진단비와 수술비 중심으로 알차게 설계했어요.

고객: 좋네요. 나이 드니 친구들도 하나씩 아파서 불안했거든요.

설계사: 다행이네요. 그럼 이 설계로 진행하면 될까요?

고객: 그런데 사망보장이 있네요. 필요 없는데 빼 주세요.

설계사: 이 보험에 가입하기 위해서는 기본적인 사망보험이 필요해요.

고객: 왜 가입해야 하나요?

설계사: 기본 메뉴로 스테이크를 주문해야 샐러드 바를 이용할 수 있는 식당처럼 대다수의 보험은 기본계약인 사망보장을 가입해야 원하는 진단비 등을 추가할 수 있어요.

고객: 가입을 위해서라면 어쩔 수 없죠.

설계사: 가입 조건에 맞게 최소한으로 설계했으니 너무 부담스러워하지 않아도 돼요.

빵이 없으면 원하는 토핑도 주문할 수 없어요

원하는 토핑만 선택해서 주문할 수 있기에 써브웨이(SUBWAY) 샌드위치를 찾는 사람이 많습니다. 그런데 개인의 취향에 따라 토핑을 고르기 위해서는 빵이 필요합니다. 빵 없이는 토핑을 담을 수 없기 때문입니다. 물론 빵의 크기와 종류도 원하는 것을 선택할 수 있습니다.

보험 상품의 설계도 샌드위치 주문과 비슷합니다. 기본계약(주계약) 없이는 다른 어떤 특별약관도 선택할 수 없습니다. 물론 빵의 크기를 정하는 것처럼 선택한 상품에 따라 기본계약의 종류가 달라지고 가입금액은 줄여 가입할 수 있습니다.

주문을 위해 필요한 샌드위치 빵처럼 보험 가입을 위해서는 기본계약이 반드시 필요합니다.

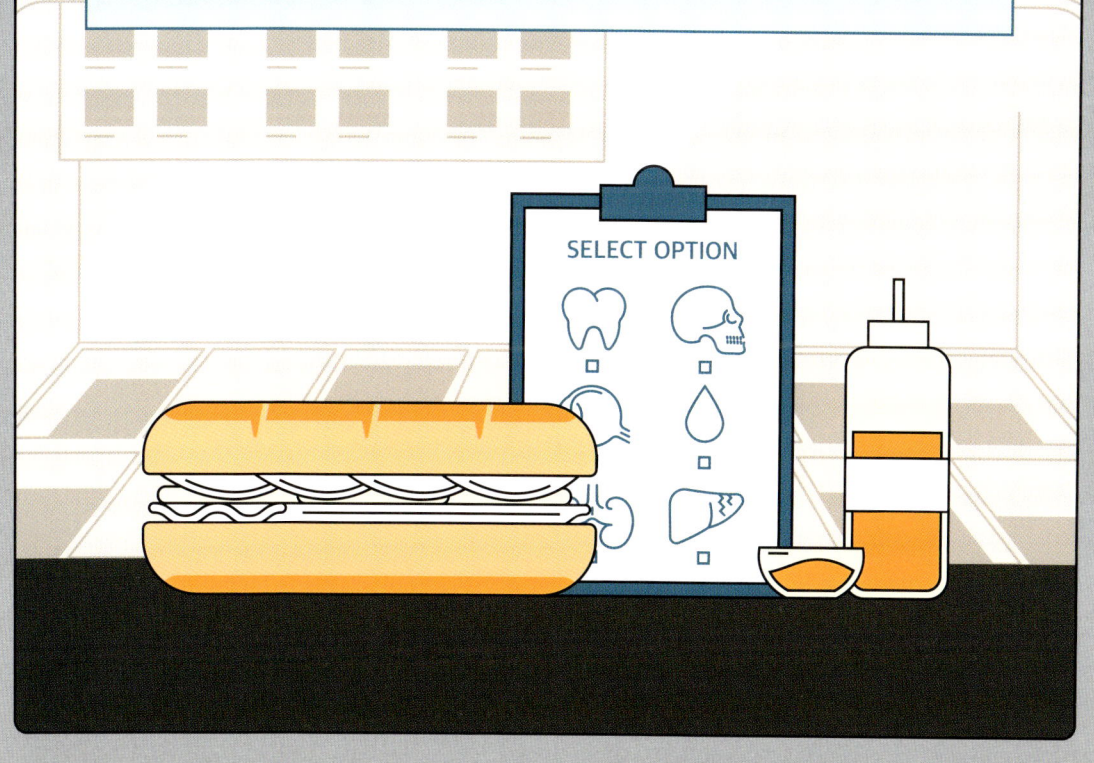

2. 설계와 가입 시 고민이 많아요
갱신과 비갱신 어떤 것이 유리한가요?

보험료 납입의 두 가지 방식

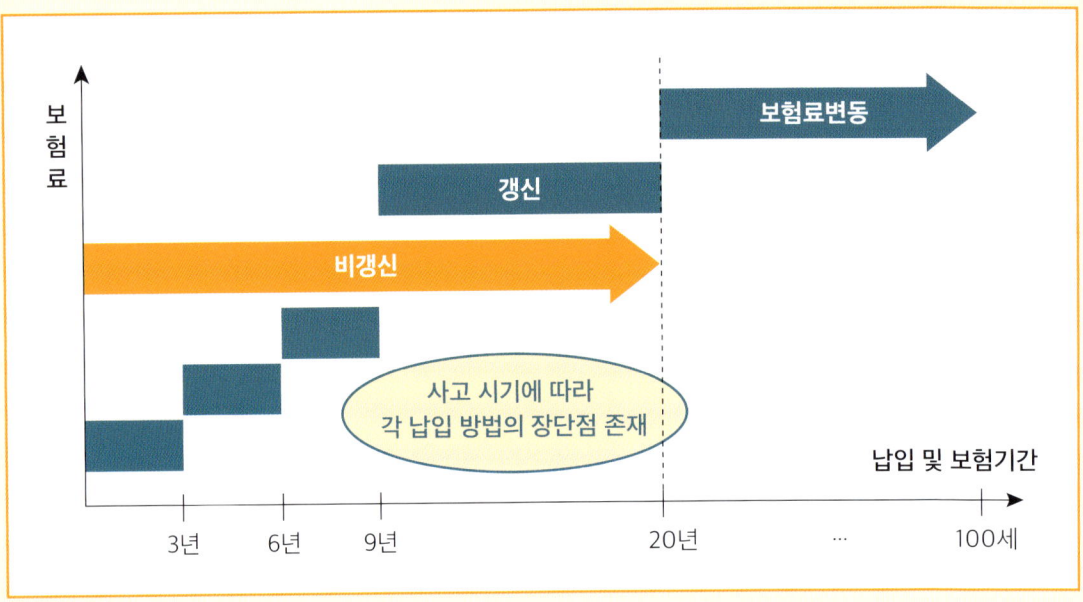

비갱신	갱신
납입기간 동안 보험료 변동 없음	갱신시점마다 보험료 변동
납입기간만 납부하면 보험기간 보장	보험기간 동안 보험료 납입
초기 보험료가 갱신에 비해 높음	초기보험료가 비갱신에 비해 낮음

적정 보험금 확보를 위한 혼합설계 예시

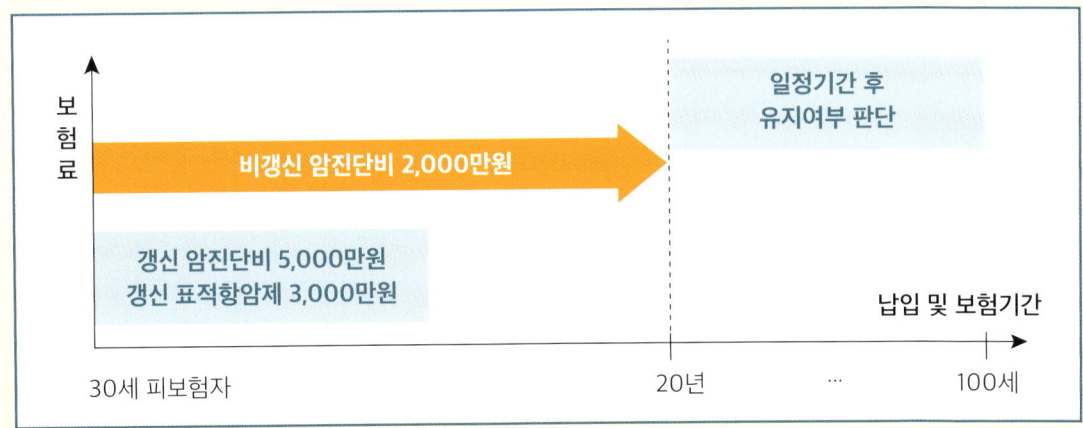

#보험료 납입
#갱신
#비갱신
#사고시점
#혼합설계

갱신과 비갱신 어떤 것이 유리한가요?

보험료 납입에는 두 가지 방법이 있습니다. 먼저 비갱신은 납입기간만 변동 없는 보험료를 내면 보험기간 끝까지 보장이 됩니다. 반면 갱신은 보험기간 전체에 걸쳐 보험료를 내야하고 갱신시점마다 보험료 변동이 있습니다. 일반적으로 갱신 시 보험료가 오르지만 내리는 경우도 존재합니다.

둘 중 무엇이 유리하냐는 질문은 '엄마가 좋아, 아빠가 좋아'같이 답하기 어렵습니다. 가입 시점에서는 사고가 언제 발생할지 모르기 때문입니다. 만약 계약 후 빠른 시간 내 사고가 발생하면 갱신이 유리하며, 일정 기간이 지난 후면 비갱신이 유리합니다.

또한 비갱신으로만 가입을 하면 초기 보험료 부담이 너무 큽니다. 따라서 사고 시 충분한 보험금을 확보할 수 없는 위험도 있습니다. 이를 해결하기 위해 '엄마와 아빠 둘 다 좋아'처럼 비갱신을 중심축으로 갱신을 혼합하여 설계하는 방식이 유리합니다. 이렇게 하면 보험료 효율을 높이고 사고 시 충분한 보험금 확보가 가능합니다.

갱신주기의 확장

과거	현재
3년 또는 5년	+ 20년 또는 30년

과거 갱신 주기가 3년 내지 5년인 갱신형 특별약관이 다수였습니다. 보험료 변동 시점이 짧았기에 보험료 인상 우려로 갱신을 선택하는데 부담이 컸습니다. 하지만 최근에는 갱신 주기가 대폭 증가하여 20년 또는 30년도 가능합니다. 갱신 주기가 길어졌기 때문에 꽤 오랜 시간 합리적 보험료로 높은 금액의 보험금을 받을 수 있습니다. 따라서 갱신과 비갱신의 선택 시 양측의 장단점을 충분히 비교하고 합리적인 선택을 해야 합니다.

상호작용 시뮬레이션

갱신보험료에 대한 선입견이 있는 상황

고객: 보장은 맘에 드는데 보험료가 조금 부담스럽네요.

설계사: 그럼 가입금액 일부를 갱신형으로 가져가시죠.

고객: 방송에서 있는 갱신도 해지를 권하던데… 비갱신이 무조건 좋지 않나요?

설계사: 장단점이 있어 어느 것이 무조건 좋다 혹은 나쁘다고 말하기 어려워요.

고객: 대부분 비갱신을 좋아하던데…

설계사: 비갱신은 초기 보험료가 비싸 가입금액을 크게 가져갈 수 없어요. 반면 갱신은 초기 보험료 부담이 덜하지만 인상될 걱정이 있고 보험기간 전체에 보험료를 내는 단점도 있어요.

고객: 장단이 있다고 하니 고민되네요.

설계사: 그럼 둘의 장점만 가지세요.

설계사: 앞서 말한 대로 갱신과 비갱신을 혼합하여 설계하면 보장도 챙기면서 보험료 부담도 줄일 수 있어요.

자동차를 타는 방법이 다양해지고 있어요

오래전에는 차를 소유하는 것 이외 다른 대안이 없었습니다. 가격이 부담스러우니 할부로 구매하는 것이 유일한 방법이었습니다. 하지만 최근에는 리스나 장기렌트 등 다양하게 차를 이용하는 방식이 존재합니다. 차를 소유하는 방식은 가격이 부담스러워 선택 폭이 줄어듭니다. 그런데 리스를 하면 비용 부담이 적어 선택폭이 늘어납니다. 둘 다 각각 장단점이 있습니다.

보험료 납입 방식인 갱신과 비갱신도 이와 유사합니다. 갱신은 초기 보험료 부담이 적어 가입금액 등을 크게 가져갈 수 있습니다. 따라서 다양한 보장을 선택할 여유도 생깁니다. 반면 비갱신은 초기 보험료 납입 부담이 큽니다. 하지만 갱신은 보험기간 전체에 걸쳐 보험료를 납입해야 하고 나이가 들수록 오를 위험이 있습니다. 마치 리스처럼 매달 돈을 내고 탈 수는 있지만 내 차가 아닌 것과 비슷합니다. 반면 비갱신은 납입기간 동안 정해진 보험료를 내면 만기까지 부담 없이 보장을 받을 수 있습니다. 할부가 끝나면 내 차가 되는 것과 비슷합니다.

완벽하게 어느 한쪽이 좋은 것은 없습니다. 따라서 계약자의 상황에 맞게 현명한 선택을 하는 것이 가장 좋은 보험료 납입 방법입니다.

2. 설계와 가입 시 고민이 많아요
꼭 100세 만기로만 가입해야 하나요?

2022년 기준 약 25년 전과 현재 가격 비교

품목	새우깡	지하철 요금	초코파이	자장면
25년 전	300원	350원	1,800원	2,300원
현재	1,300원	1,250원	4,800원	5,500원

20세 피보험자가 보험에 가입

20세 → 100세 만기 (80년 뒤) → 100세

약 85년 전 생명보험 주계약 1,000원

"이 애 앞으루다가 네 이름으루 하나 허구, 내 이름으루 하나 허고, 생명보험 하나씩…"
"얼마짜리?"
"천 원짜리"
"천 원짜리? 천 원짜리가 둘이면 가만있자…… 얼마씩 부어 가누?"

- 채만식 소설 <탁류> (1937년) -

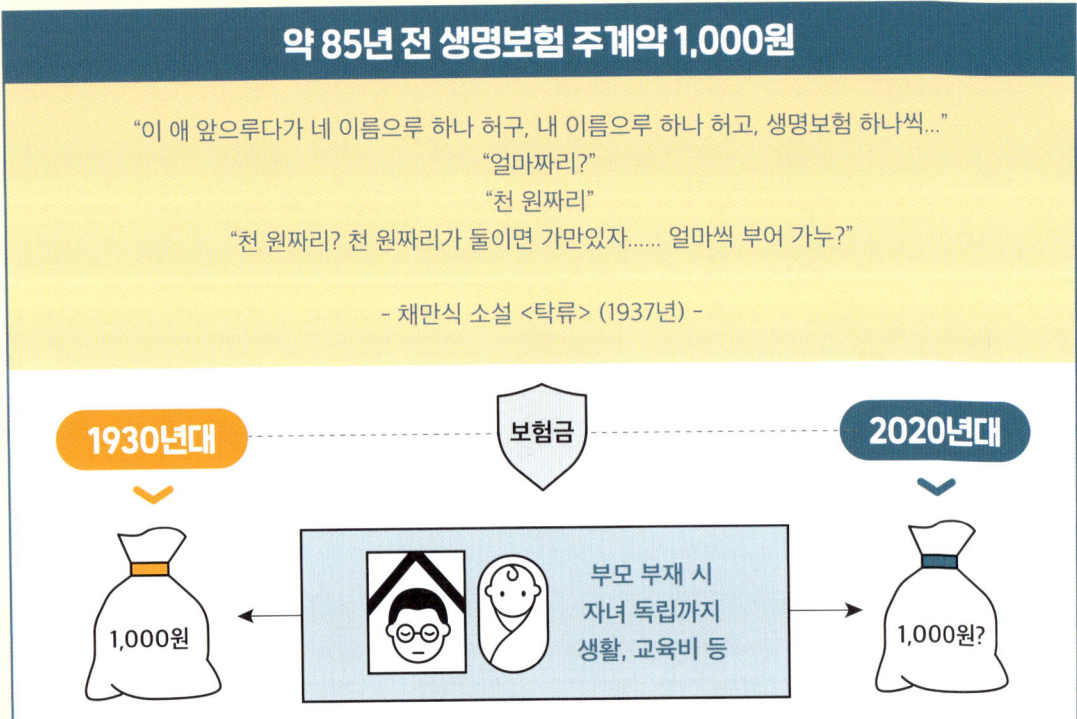

1930년대 — 1,000원
보험금: 부모 부재 시 자녀 독립까지 생활, 교육비 등
2020년대 — 1,000원?

#100세 만기
#80년 뒤
#물가상승
#보장자산
#가치하락

꼭 100세 만기로만 가입해야 하나요?

현재 월급을 가지고 25년 전인 1990년대 중반으로 가면 부자가 될 수 있습니다. 지하철 기본 요금이 350원, 새우깡이 300원 했기 때문입니다.

이처럼 물가는 지속적으로 상승하는 경향이 있습니다. 작년과 비교하면 큰 차이를 느낄 수 없지만 20년 이상 오랜 시간이 지나면 상황은 달라집니다. 2020년대 암에 걸려 5,000만 원의 보험금을 받으면 큰 힘이 됩니다. 하지만 60년 뒤인 2080년대에 동일 금액을 받으면 의료비 등이 올라 많이 부족할 가능성이 큽니다. 이처럼 물가가 상승하기에 증권에 기재된 가입금액의 가치는 지속적으로 하락합니다. 따라서 물가상승을 고려하여 보험기간을 고민해야 합니다.

1937년 <조선일보>에 연재된 채만식의 <탁류>란 소설에는 딸을 위해 주계약 가입금액이 천 원인 생명보험 가입을 원하는 엄마의 대사가 등장합니다. 약 85년 전 천 원은 부모 부재 시 자녀 생활비나 교육비를 감당하기 충분한 돈입니다. 하지만 현재 천 원으론 새우깡도 사 먹을 수 없습니다.

세만기 설계 시 무조건 100세 만기만을 강요하는 분위기가 있습니다. 다른 조건이 같다면 보험기간이 길수록 보험료가 비싸져 충분한 가입금액 설계를 못하는 경우도 발생합니다. 따라서 여러 조건과 물가상승에 따른 보장자산의 가치하락을 고려한 설계가 반드시 필요합니다.

낮은 장기보험 유지율

종신보험 10년 유지율 35% (2017, 보험연구원)

생명보험의 종신보험이나 손해보험의 세만기 통합형 상품의 10년 유지율은 30%대 수준입니다. 평균 납입기간 20년을 유지하고 완납하는 경우가 많이 없는 상황에서 납입여력에 맞는 보험기간 설계와 선택이 중요합니다.

상호작용 시뮬레이션
100세 만기에 대한 선호도가 큰 상황

고객: 보장은 길게 가는 것이 좋지 않나요?

설계사: 100세 만기로 많이 가입하는 이유는 틀에 박힌 설계 때문이죠.

고객: 긴 것이 좋으니 그렇게 가입하는 것은 아닐까요?

설계사: 모두 100세 만기로 가면 보험료 부담이 클 수 있어요. 그럼 충분한 가입금액을 선택하기 어렵죠.

고객: 그래도 100세 시대인데...

설계사: 이제 30대인데요. 100세는 70년, 80세는 50년이나 남았어요. 그동안에 더 좋은 보험이 나오면 바꿔야 할 일도 충분히 생길 수 있죠.

고객: 그럼 한 보험으로 평생을 보장받을 수는 없나요?

사고가 너무 늦게 발생하면 물가가 올라 보험금이 충분하지 않겠죠.

설계사: 보험료도 아낄 수 있으니 80세와 90세도 고민해 보세요.

맞춤복처럼 내 몸에 딱 맞는 보장이 좋아요

기성복을 구매하면 내 몸에 딱 맞지 않아 불편할 수 있습니다. 평균적인 신체에 맞춰 똑같은 크기로 제작했기 때문입니다. 이런 문제는 개개인의 신체 특성을 정확하게 측정하여 각자의 몸에 알맞게 제작한 맞춤복으로 해결할 수 있습니다.

보험에 가입할 때도 나에게 맞추는 것이 필요합니다. 모든 특별약관을 100세 만기로 가입할 필요는 없습니다. 기본계약이나 주계약은 100세로 가입하더라도 다른 보장은 필요에 따라 80세나 90세 만기를 선택할 수 있습니다.

예를 들어 암 가족력이 있어 발병 위험이 높다면 진단비는 100세 만기, 80세 이후 수술은 흔치 않으니 관련 특약은 80세 만기, 100세는 너무 비싸고 80세는 보험기간이 짧을 수 있으니 질병후유장해는 90세로 각각 선택할 수 있습니다.

이처럼 보험 상품은 기성복처럼 다른 사람과 동일하게 가입할 필요 없이 내 몸에 맞출 수 있습니다.

2. 설계와 가입 시 고민이 많아요
보험은 왜 주기적으로 점검해야 하나요?

1. 법령 또는 약관 변경

형사합의지원금 → 2009년 10월 1일 → 교통사고처리지원금

2009년 2월 26일 교통사고처리특례법 4조 1항 위헌 결정
피해자 중상해도 형사합의가 필요한 상황으로 변경

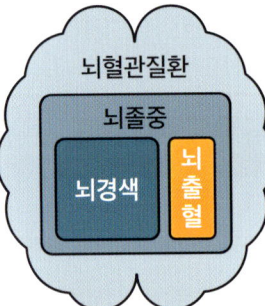

뇌출혈 - 뇌졸중 - 뇌혈관질환
새로운 약관에 따른 보장범위 점검

2. 생활환경 변화

경험생명표의 변화

회차	1회	2회	3회	4회	5회	6회	7회	8회	9회
시기	89-91	92-96	97-02	02-05	06-09	09-12	12-15	15-19	19.04
남성	65.75	67.16	68.39	72.32	76.4	78.5	80	81.4	83.5
여성	75.65	76.78	77.94	80.9	84.4	85.3	85.9	86.7	88.5

수명 증가로 80세 만기 → 100세 만기

3. 보험료 부담

2021. 06. 30 이전 1~3세대 실손
2017. 03. 31 이전 1~2세대
보험료 인상폭 큼

2021. 07. 01 ~
4세대 실손 전환 고민

인포그래픽으로 쉽게 풀어낸 보험상식

#법령 개정
#약관 변경과 출시
#생활환경 변화
#보험료 부담

보험은 왜 주기적으로 점검해야 하나요?

한 번 가입한 보험을 평생 유지하면 좋겠지만 물가상승에 따른 보장자산의 가치하락 이외에도 다양한 이유로 주기적으로 점검하고 보완해야 할 필요가 있습니다.

몇 가지 예를 살펴보면 첫째, 법령 또는 약관이 변하기 때문입니다. 과거 운전자보험에서 형사합의 비용을 보장하는 약관은 '형사합의지원금'이었습니다. 09년 2월 '교통사고처리특례법'의 위헌 결정으로 피해자가 중상해 피해를 입은 경우에도 형사합의가 필요하게 되었습니다. 따라서 이를 추가 보장하기 위해 '교통사고처리지원금'이 신설되었습니다. 형사합의지원금은 중상해피해를 보장하지 않기 때문입니다.

또 다른 예로 과거에는 뇌출혈진단비만 존재했는데 최근에는 뇌졸중진단비를 지나 뇌혈관질환진단비까지 출시된 상황입니다. 따라서 과거 보험은 보장 범위가 좁아 점검을 통해 새로운 약관의 넓은 보장범위로 보완이 필요한 상황입니다.

둘째, 생활환경의 변화입니다. 생명보험에서 사용하는 경험생명표를 보면 수명이 계속 증가합니다. 따라서 과거 80세 만기였던 여러 특약이 100세 만기로 확장되었습니다. 이처럼 평균수명 증가 등의 변화에 따라 보험을 주기적으로 점검할 필요가 있습니다.

셋째, 보험료가 부담되어 유지가 어렵다면 점검과 보완이 필요합니다. 17년 3월 31일 이전 1~2세대 실손의료보험의 보험료 인상폭은 매우 높습니다. 이 경우 현재 판매 중인 4세대 실손으로 전환을 하면 보험료를 줄일 수 있습니다.

물론 현재의 보험보다 과거의 보험이 보장조건 등이 더 좋은 경우도 있습니다. 따라서 기존 보험을 점검 및 보완할 때는 주의가 필요합니다.

상호작용 시뮬레이션

보험점검의 필요성을 느끼지 못하는 상황

고객: 방송에서 보험점검을 권하던데 진짜 필요한가요?

설계사: 가입 중인 보험은 주기적으로 점검 받는 것이 좋아요.

고객: 보험은 끝까지 납입하고 유지하는 것이 좋다고 들었어요. 그리고 예전 보험이 보장이 더 좋지 않나요?

설계사: 더 좋을 수도 있죠. 그런데 가입금액이 너무 적다면 현재 기준으로 치료비나 생활비까지 따졌을 땐 부족할 수 있어요. 물가는 계속 오르니 보험금의 가치도 하락하죠.

고객: 무조건 유지하는 것도 답은 아니네요.

설계사: 보험 상품도 계속 발전해서 예전에는 없던 최신 치료법을 보장하는 상품도 지속적으로 출시돼요. 또 과거보다 보장이 더 좋아진 것도 많아요.

고객: 그런데 점검을 받으면 기존 보험은 해지해야 하나요?

설계사: 기존 보험이 큰 문제가 없다면 유지하면서 부족한 부분만 보완하세요.

예전 보험이 무조건 좋은 것도 아니지만 무턱대고 해지하면 큰 낭패를 볼 수 있기 때문이죠.

편리함이 좋지만 아날로그적 감성이 필요할 때도 있어요

여행을 갈 때 카메라를 따로 챙기지 않습니다. 스마트폰으로 사진을 찍기 때문입니다. 언제든 찍고 바로 확인 후 삭제할 수도 있습니다. 반면 필름카메라를 찾는 사람도 있습니다. 레트로에 대한 애착과 아날로그적 감성을 선호하는 사람에게 디지털에서는 느낄 수 없는 감정을 필름카메라가 제공합니다. 어느 것이 '더 좋다'라고 단정지을 수 없을 만큼 각각은 장점이 있습니다.

보험도 시대가 변하면 새로운 약관이 출시되고 발전합니다. 최근 출시된 보험이 의료기술의 발전 및 법률의 변화 그리고 새로운 삶의 방식에 맞춘 적합한 보장을 제공합니다. 하지만 과거의 것이 무조건 나쁜 것도 아닙니다. 다만 시대가 변함에 따라 보험도 꾸준한 점검을 통해 관리해야 합니다. 최신의 것도 시간이 지나면 맞지 않을 수 있고 좋았던 과거의 보험을 더 이상 가입할 수 없는 경우도 존재하기 때문입니다.

2. 설계와 가입 시 고민이 많아요
호칭(Miss, Mrs, Mother)이 변하면 보험도 변해야 하나요?

상황에 따라 달라지는 고민과 선택

결혼 전

결혼은 할까? 일단 노후가 걱정이니 연금보험...

실손의료보험은 하나 있어야겠지?

결혼

남편은 보험을 잘 가입하고 있나? 보장점검 받아볼까?

출산

자녀보험은 어떻게 가입해야 하지?

남편이 부재하면 혼자 애를 키우기 힘들지 않을까?
남편 종신보험을 알아볼까?

양육

나이가 드니 건강이 걱정이네 친구도 암인데
나도 암보험 좀 더 가입해볼까?

노후

친구 엄마가 치매에 걸리다니...
친정 엄마는 치매보험에 가입하고 있을까?

#Miss
#결혼 전
#Mrs
#결혼 후
#Mother
#출산 후

호칭(Miss, Mrs, Mother)이 변하면 보험도 변해야 하나요?

우리는 상황에 따라 다른 고민과 선택을 합니다. 결혼 전에는 굽 높은 하이힐만 선호하던 사람도 나이가 들어 결혼을 하고 출산을 하면 굽이 점차 낮아지거나 운동화로 선호도가 옮겨 가기도 합니다. 이처럼 남녀 모두 결혼 전과 후 그리고 자녀가 태어나면 새로운 고민이 생기고 그에 따른 선택도 달라집니다.

보험도 상황에 따라 관심도와 필요성이 달라집니다. 예를 들어 결혼 전 취업을 하면 노후를 위한 연금저축보험이나 실손의료보험 등의 가입에 관심이 높습니다. 그러다가 결혼을 하게 되면 배우자의 보험에 대한 관심도 높아지고 보장점검 등을 원하기도 합니다.

이후 자녀를 임신하면 자녀보험의 필요성과 가장의 부재에 대비한 종신보험 등 사망보장에 대한 관심이 높아집니다. 그리고 자연스럽게 나이를 먹어가면서 부모님이나 주변 친구 그리고 본인의 아픔을 통해 질병보험 등에 대한 관심이 높아집니다.

살펴본 이유로 인해 설계 전 고객이 처한 상황과 관심에 대해 파악하는 것이 중요합니다. 이를 통해 설계사는 고객 맞춤 설계를 할 수 있고 고객은 본인에게 꼭 필요하고 알맞은 보험에 가입할 수 있습니다.

성별 및 결혼 여부별 생명보험 가입률 및 건수

(보험소비자설문조사, 2019, 보험연구원)

구분	전체		남성		여성	
	기혼	미혼	기혼	미혼	기혼	미혼
개인 가입률(%)	76.0	62.1	70.4		75.0	
			73.8	61.0	78.0	63.4
개인 가입건수(건)	1.5	1.0	1.4		1.5	
			1.5	1.0	1.6	1.0

남녀 모두 미혼에 비해 기혼의 생명보험 가입률이 약 14% 정도 높은 이유는
결혼 후 가족에 대한 책임을 보험으로 대비하기 위한 고객의 필요가 반영된 결과입니다.

상호작용 시뮬레이션

하나의 보험만 유지하려는 상황

 고객: 오늘 가입한 보험만 믿으면 평생 문제없죠?

 설계사: 당분간은 가장 알맞은 설계인데... 평생을 한 보험에 기댈 수는 없어요.

 고객: 엄청 좋다고 설명하셨는데 왜요?

 설계사: 아직 미혼이라 사망보장도 최소로 잡았고 진단비도 적정하게 설계했어요.

그런데 결혼하고 자녀가 태어나면 지금과는 상황이 달라지죠.

 고객: 그렇겠네요. 결혼하고 자녀가 생기면 책임감도 달라지니... 그래도 한 보험으로 평생 보장받을 수는 없나요?

 설계사: 새로운 가족이 생기면 사망보장도 중요해지고 아플 때 자녀의 교육비 등도 필요하니 지금보단 더 큰 보험금이 필요하겠죠.

 고객: 보험은 너무 어려워요. 정답이 있으면 좋겠는데...

 설계사: 고객님의 상황에 맞는 보험이 가장 좋죠. 결혼이나 출산을 하면 상황이 달라지니 그땐 또 다른 정답을 찾는 것이 필요해요.

삶이 변함에 따라 살림도 늘어나거나 줄어들어요

미혼이라면 살림도 간단합니다. 하지만 결혼을 하면 달라집니다. 남편은 화장대를 처음 사 볼 것이고 아내는 전기면도기가 놓인 세면대가 낯설 것입니다. 이후 자녀가 생기면 또 다른 살림이 늘어나고 자녀가 독립하면 줄어듭니다. 이처럼 삶이 변하면 필요한 것이 달라집니다.

보험도 결혼, 출산, 자녀의 성장과 독립, 배우자의 사망 등 인생의 중요한 사건에 따라 필요한 것이 달라집니다. 이 때문에 주기적으로 보험을 점검하고 변화된 상황에 맞춰 관리할 필요가 있습니다. 이를 게을리하면 필요한 보험금이 지급되지 않거나 부족한 문제가 발생하고 불필요한 보장으로 인해 보험료가 낭비되는 일이 생길 수 있습니다.

3. 보험료는 항상 부담스러워요

사례툰으로 보는 일상 속 보험

1장 [고객이 자주 묻는 보험상식 대표 질문] 설계사님 질문 있어요

3. 보험료는 항상 부담스러워요
보험료는 어떻게 정해지나요?

보장(위험)보험료 구성

| 순보험료 = 보장(위험)보험료 | + | 부가보험료(사업비) |

예정위험률 — 100명 중 몇 명이 암에 걸릴까?

100명의 가입자 중 암에 걸린 사람에게 1,000만 원을 보험금으로 줌

보험료 10만 원

필요 보험금 1,000만 원
1,000만 원 ÷ 100명
1인당 보험료 10만 원

100명 중 1명 암진단

  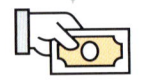

보험료 20만 원

필요 보험금 2,000만 원
2,000만 원 ÷ 100명
1인당 보험료 20만 원

100명 중 2명 암진단

예정사업비율 — 100명에게 암보험을 가입시키고 유지하는데 돈이 얼마나 필요할까?

보험사

암보험 광고료
설계사 수수료
사무실 임차료
보험료 수금비용
…

설계사

암보험 가입하세요

계약자

보장(위험)보험료 구성 = 11만 원

| 순보험료 = 보장(위험)보험료 | + | 부가보험료(사업비) |
| 100명 중 1명 암진단 = 인당 10만 | + | 사업비 인당 1만 |

#순보험료
#보장(위험)보험료
#부가보험료
#사업비
#보장보험료+사업비

보험료는 어떻게 정해지나요?

보장보험료의 구성을 간단하게 정리하면 '보장(위험)보험료 + 사업비'입니다. 먼저 위험보험료는 예정위험률에 따라 결정됩니다. 100명이 암보험에 가입한다고 예를 들면, 예정위험률은 100명 중 몇 명이 암에 걸리는지에 대한 예측입니다. 암에 걸린 사람에게 1,000만 원을 보험금으로 준다면, 예정위험률에 따라 100명 중 1명이 암 걸릴 경우 1인 당 보험료는 10만 원이 됩니다.

보험금이 1,000만 원이고 암에 걸린 사람이 1명이기 때문에 필요한 보험금은 1,000만 원이 됩니다. 이를 위해서는 100명이 인당 10만 원의 보험료를 내야 합니다. 동일한 원리로 100명 중 2명이 암에 걸린다면 20만 원의 인당 보험료가 계산됩니다.

다음으로 예정사업비율입니다. 앞서 설명한 암보험을 100명에게 가입시키고 보험료를 받은 후 계약을 유지하기 위해서는 사업비가 필요합니다. 설계사 수수료도 줘야 하고 광고도 하는 등 여러 사업비용이 발생하기 때문입니다.

예정위험률로 계산된 보장(위험)보험료에 예정사업비율로 계산된 사업비(부가보험료)를 더한 것이 실제 납입할 보장보험료가 됩니다.

'예정'위험률과 사업비율이 실제와 달라지면

예정위험률과 사업비율은 말 그대로 미래 상황에 대한 예상입니다. 따라서 실제는 달라질 수 있습니다. 이 차이를 통해 보험사는 수익을 얻기도 하고 손실이 나기도 합니다. 이에 대한 자세한 설명은 78쪽 "보험사는 어떻게 돈을 버나요?"를 참고 바랍니다.

상호작용 시뮬레이션

산출된 보험료를 믿지 못하는 상황

고객: 친구보다 보험료가 더 비싼데 왜 그런가요?

설계사: 나이와 성별이 같아도 설계를 어떻게 하는지에 따라 보험료가 달라져요. 암 가족력 때문에 고보장을 원하셔서 관련 특약도 많이 선택했고 가입금액도 높게 설계했어요.

고객: 보험사가 마음대로 높이진 않나요?

설계사: 보험사도 보험료를 마음대로 정하진 못해요. 과거 사고 발생 확률 등 통계에 근거해서 정하죠. 예측한 것보다 사고가 더 발생하면 손해를 볼 때도 있어요.

정확하게 위험률 등을 예측하기 위해 노력하지만 쉽지 않죠.

고객: 그래도 보험사는 참 믿기 어렵네요.

설계사: 그럼 보험의 원리만 믿으세요. 여러 명이 낸 보험료를 사고가 난 소수의 사람이 받으니 적은 보험료로 많은 보험금을 받을 수 있어요.

고객: 저렴하면서 보장도 큰 보험은 없겠죠?

보장이 클수록 보험료도 높죠. 보험료를 많이 내면 사고 시 받는 보험금도 커지니 너무 아까워 마세요.

정해진 확률도 실제는 달라요

주사위를 던졌을 때 특정 숫자가 나올 확률은 계산되어 정해져 있습니다. 하지만 실제 주사위를 던져보면 확률과 다른 결과가 나옵니다.

보험료를 정할 때 사용하는 사고 통계와 발생 확률도 이와 비슷합니다. 보험료는 과거의 데이터를 통해 계산된 확률이 미래에도 동일할 것이란 가정으로 정해집니다. 하지만 보험료를 정하는 시점에서 미래의 사고 발생을 정확하게 아는 것은 불가능합니다. 보험사가 손해 또는 이익을 보는 이유입니다.

그리고 보험에 가입한 개인의 입장에서 보험금을 받지 않는 것이 가장 좋습니다. 보험금은 사고라는 불행을 전제합니다. 또한 사고 당사자에게 사고는 이미 발생한 불행이기에 보험금이 필요합니다. 이를 위해 다수의 사람들이 적은 보험료로 알 수 없는 미래의 사고를 대비하고 일상을 지키기 위해 보험에 가입합니다.

3. 보험료는 항상 부담스러워요
보험에 적용되는 이율 3형제는 무엇인가요?

보험사에서 돈이 나가는 경우

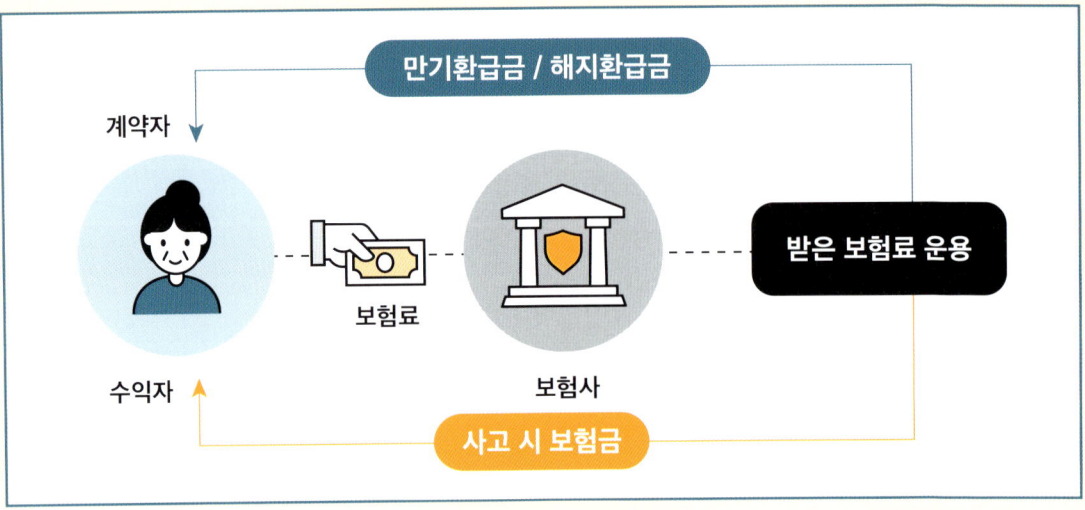

유형	보장보험료	적립보험료
사고 or 만기	사고 시 보험금	만기 시 만기환급금
해지	해지환급금	

보험료에 적용되는 세 가지 이율(%)			
구분	① 예정이율	② 최저보증이율	③ 공시이율
적용 보험료	보장보험료	적립(저축)보험료	
변동성	청약일 기준 고정*		매달 변동

*연금저축보험 등 일부 저축성 상품은 최저보증이율이 10년 등 기간 내 3~5회 변경되는 구조도 존재

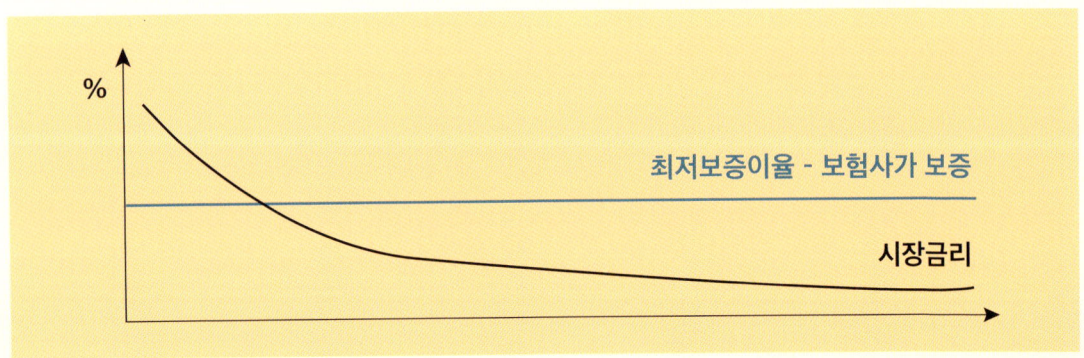

#예정이율
#최저보증이율
#공시이율
#보험금
#만기환급금
#해지환급금

보험에 적용되는 이율 3형제는 무엇인가요?

보험사로 들어온 보험료가 나가는 경우는 세 가지입니다. 먼저 보장보험료가 사고 시 보험금으로 수익자에게 지급됩니다. 그리고 계약의 만기가 되면 적립보험료가 만기환급금으로 계약자에게 지급됩니다. 만약 만기 전 계약이 해지되면 보장 및 적립보험료에서 해지환급금이 지급됩니다.

많은 현금을 집에 보관하는 경우는 흔치 않습니다. 은행에 넣어 이자를 받는 것이 유리하기 때문입니다. 보험사가 받는 보험료의 규모는 거대합니다. 또한 보험료가 들어온 후 나갈 때까지 시간이 걸립니다. 따라서 보험사는 받은 보험료가 나가기 전 그냥 두지 않고 돈을 운용합니다. 그리고 돈이 나갈 때 세 가지 이율을 적용합니다.

먼저 보험금 지급 전 보장보험료에 적용하는 것이 예정이율입니다. 예정이율은 청약일 기준으로 적용받아 보험기간 동안 변하지 않는 고정 이율입니다. 보험료를 정할 때도 예정이율을 사용합니다.

다음으로 보험을 가입할 때 보장보험료에 적립보험료를 추가할 수 있습니다. 적립보험료를 쌓을 때 적용하는 것이 공시이율입니다. 공시이율은 매달 보험사가 정하며 보험기간 중 변동됩니다. 그런데 시장금리가 저금리로 지속되는 상황이 발생할 수 있습니다. 이 경우 보험사는 적립보험료에 최저보증이율이란 것을 적용합니다.

최저보증이율은 시장금리를 반영하여 공시이율이 떨어지더라도 보험사가 적립보험료에 '최저로 보증하는 이율'을 의미합니다. 예를 들어 공시이율이 1%인 상황에서 최저보증이율이 3% 라면 보험사는 적립보험료에 최저보증이율 3%를 적용합니다.

상호작용 시뮬레이션

예상 해지환급금을 맹신하는 상황

고객: 제가 보험이 좀 많죠? 적금처럼 가입했어요. 20년 정도 지나면 낸 보험료보다 더 받더라고요.

설계사: 가입 중인 보험에 적립보험료가 포함되어 있거나 연금보험과 같은 저축성보험이면 당시 본 예상해지환급금이 현재는 맞지 않을 수도 있어요.

고객: 왜 그래요? 가입 당시 인쇄된 표도 확인했는데…

설계사: 보험료에 적용되는 금리 중에는 가입 당시 금리로 고정되는 것도 있고 매달 변하는 것도 있어요.

고객: 그럼 금리가 변동될 수도 있나요?

설계사: 설계에 따라 달라져요.

보장보험료만 설계한 계약이면 가입 당시 본 표가 맞아요.
그런데 적립보험료 등이 포함되면 적용되는 금리가 달라지죠.

고객: 은행 적금은 참 쉬운데 보험은 너무 어려워요.

설계사: 증권을 주세요. 제가 같이 확인해 드릴게요.

할인율과 함께 조건을 확인하세요

모든 스마트폰 대리점에는 '가장 저렴함'을 강조하는 광고 문구와 함께 파격적인 할인율이 적혀 있습니다. 그런데 막상 상담을 받으면 약정 할인 3년, 제휴카드 매월 90만 원 이상 결제, 특정 부가 서비스 3개월 의무 사용 등 여러 할인 조건이 붙습니다. 그래서 할인율과 함께 조건을 확인하는 것이 중요합니다.

보험에 가입할 때 보여주는 예상해지환급금 표도 이와 유사합니다. 2~30년 뒤 예상한 금액이 되기 위해서는 '예정이율만 적용받는 설계'라는 조건이 필요합니다. 만약 공시이율까지 적용받는 설계라면 금리 변동에 따라 예상과 다른 일이 발생할 수 있습니다. <mark>따라서 해지환급금 표를 볼 때는 가입할 계약의 조건을 확인하는 것이 중요합니다.</mark>

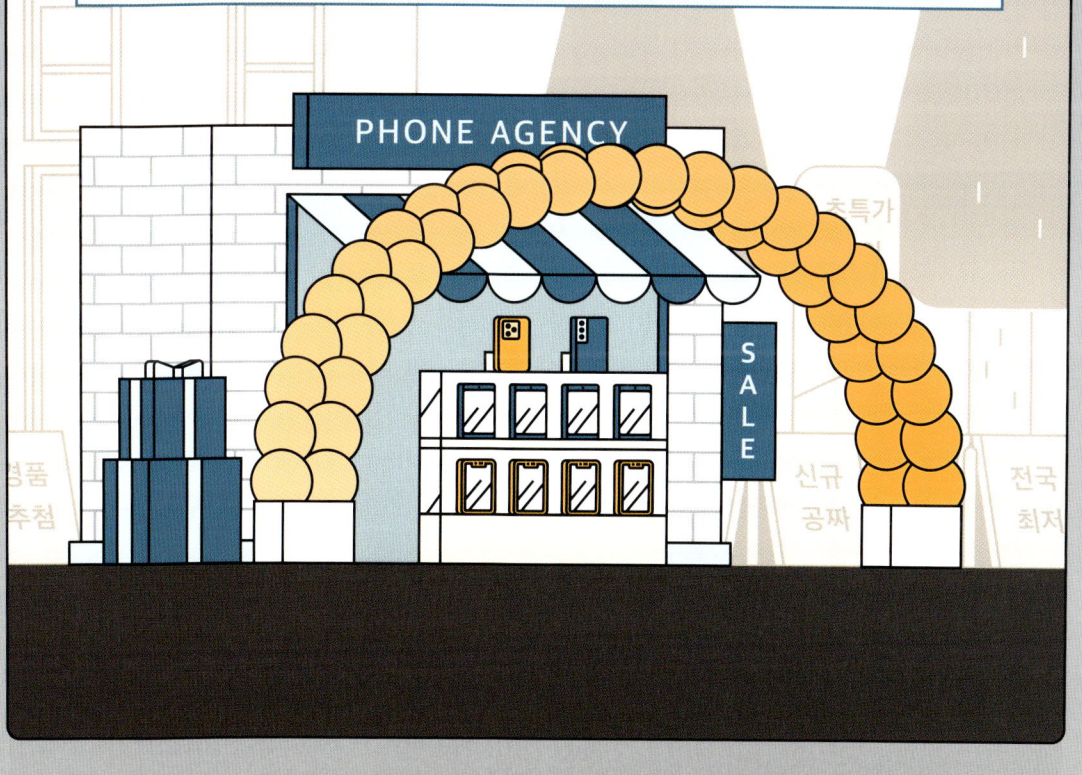

3. 보험료는 항상 부담스러워요
보험사는 어떻게 돈을 버나요?

보험사의 수익과 손실 구조

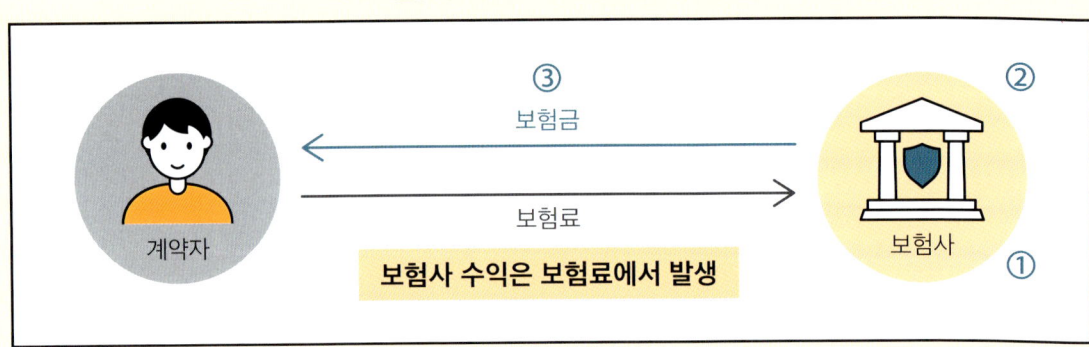

계약자 ← ③ 보험금 ← 보험사 ②
계약자 → 보험료 → 보험사 ①

보험사 수익은 보험료에서 발생

---

① 예정사업비율 : 보험사가 보험 상품을 운용하는데 필요한 예상 사업비

설계사 수수료 70만 원 + 계약 관리 비용 20만 원 + …
= 총 100만 원 사업비 예상

− 실제 비용 95만 원 발생

= 비용 차이 **5만 원 이익 발생**

---

② 예정이율 : 받은 보험료가 보험금으로 나가기 전 적용 받는 예상 금리

예정이율 3%로 예상해서 받은 보험료

− 실제 금리 1.5%

= 금리 차이 **1.5% 손실 발생**

---

③ 예정위험률 : 보험금이 지급되는 사고가 발생할 것으로 예상된 위험률

보험 사고 10번 발생 예상
보험금 지급 100만 원 예상

− 실제 사고 9번 발생
보험금 90만 원 지급

= 위험률 차이 **10만 원 이익 발생**

---

① + ② + ③ = 보험사의 손실 또는 이익

#보험료
#예상과 실제
#사업비율
#이율
#위험률

보험사는 어떻게 돈을 버나요?

보험사는 예상과 실제의 차이로 이익 또는 손실을 봅니다. 보험사는 보험 상품을 만들어 고객에 보험료를 받고 판매합니다. 그런데 고객은 보험사가 보험료를 비싸게 받지는 않는지 또는 보험금을 안 주는 것은 아닌지 등을 의심할 수 있습니다. 하지만 보험료는 세 가지 기준을 근거로 정합니다.

첫째, 보험사가 보험 상품을 만든 후 계약을 체결하고 관리하기 위해서는 돈이 필요합니다. 사무실 임대료, 직원 월급, 설계사 수수료 등을 사업비라 부릅니다. 둘째, 보험료를 받은 후 보험금이 나가기 전 돈을 가지고 있는데, 이 돈을 그냥 두지 않고 굴립니다. 셋째, 사고가 났을 때 보험금을 지급합니다.

사업비가 얼마나 필요할지, 금리가 몇 %일지, 사고가 얼마나 발생할지는 상품을 만들고 보험료를 정하는 시점에서는 알 수 없습니다. 미래의 일이기 때문입니다. 따라서 보험사는 통계 등 객관적인 근거를 통해 세 가지 기준을 예상하여 보험료를 정합니다. 이후 보험료를 받는데, 예상과 실제는 언제나 차이가 발생합니다. 이 차이가 보험사의 이익과 손실을 만듭니다.

산출된 보험료의 신뢰를 높이는 제도

앞서 살펴본 세 가지 기준을 '예정기초율'이라고 합니다. 이를 사용하여 보험료를 산출하고 보험 상품을 만드는 사람이 '보험계리사'입니다. 감독당국은 보험사가 보험료를 부당하게 산출하여 잘못된 이익을 취하는 것을 막기 위해 각 보험사 마다 '선임계리사'를 두게 합니다. 선임계리사는 예정기초율이 정당하게 산출되었는지를 최종적으로 검토하는 역할을 수행합니다. 이들은 기초서류에 법령을 위반한 내용이 있다고 판단되는 경우 금융위원회에 보고해야 할 의무가 있습니다. 이 때문에 경력이 10년 이상이고 최근 5년 이내 징계 등을 받지 않은 계리사를 선임계리사로 선임하여 일정기간 임기까지 법적으로 보장합니다. 이를 통해 감독기관은 산출된 보험료의 신뢰를 높입니다.

상호작용 시뮬레이션
보험사의 수익구조를 모르는 상황

가입 후 사고가 나지 않으면 보험금을 못 받죠?

 보험금은 안 받는 것이 가장 좋아요.

물론 그렇지만… 보험금을 받지 않으면 보험사만 좋겠네요?

 고객님이 아니더라도 사고가 난 다른 분이 받게 되겠죠.

그래도 보험사는 항상 이익을 내지 않나요?

보험료는 통계 등 객관적 자료를 기반으로 정해요.

 물론 예상보다 사고가 적으면 이익이
나겠지만, 아니라면 손해도 볼 수 있죠.

실제로 보험사가 손해 보는 상품도 있나요? 고객

 실손의료보험이 대표적인 예죠. 보험금이
너무 많이 나가 적자를 크게 보고 있어요.

보험사도 매번 돈을 버는 것은 아니네요. 고객

천재도 보험사도 미래는 알 수 없어요

새해가 되면 많은 사람이 타로나 신년운세를 보며 미래를 예측합니다. 하지만 미래는 아무도 알 수 없습니다. 나무에서 떨어지는 사과를 보고 만유인력의 법칙을 발견한 천재 과학자 아이작 뉴턴도 1720년 남해회사 주식이 폭등할 때 투자했다가 큰 손해를 본 적이 있습니다.

보험사도 사고 발생 확률이나 미래 금리 등을 예측하여 보험료를 정합니다. 하지만 예측은 틀리는 경우가 많아 이익 또는 손해를 봅니다. 이처럼 보험이란 산업은 불확실성 위에 존재합니다. 다만 불확실한 미래를 대비하는 가장 효율적인 방법이 보험이라는 사실만은 앞으로도 변하지 않는 진리입니다.

3. 보험료는 항상 부담스러워요
예정이율이 낮아지면 왜 보험료가 오르나요?

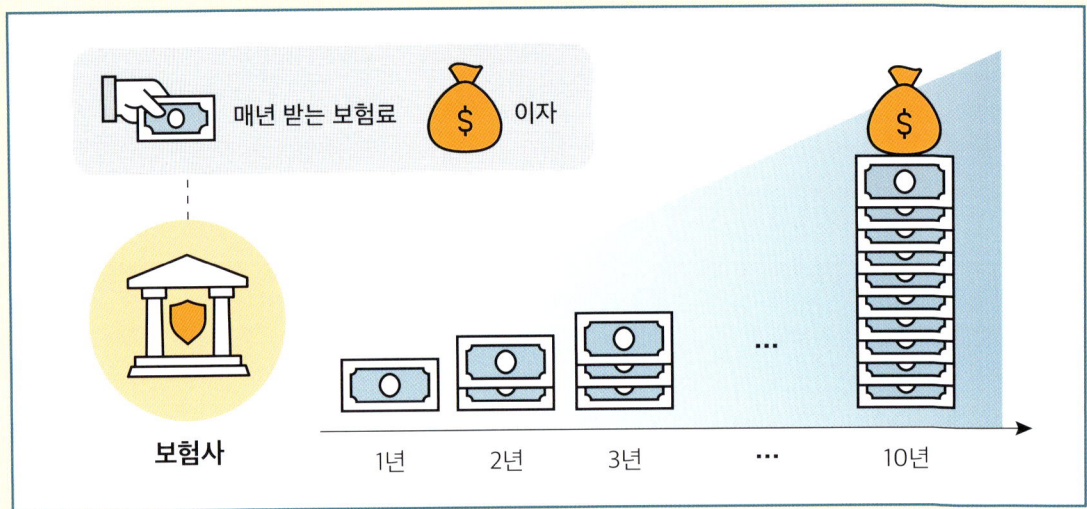

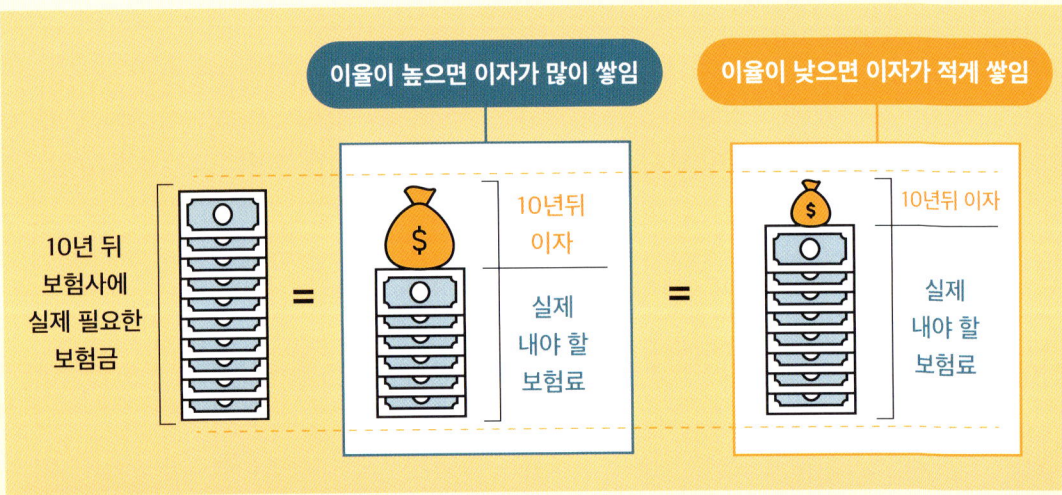

예정이율과 보험료 관계

예정이율	이자	보험료
높으면↑	많이 쌓여↑	내야 할 보험료 낮아짐↓
낮으면↓	적게 쌓여↓	내야 할 보험료 높아짐↑

#예정이율
#이자
#필요 보험금
#이자가 높으면
#낮은 보험료

예정이율이 낮아지면 왜 보험료가 오르나요?

보험사가 사고 시 수익자에게 지급하는 돈은 보험금입니다. 이 돈의 출처는 계약자가 납부하는 보험료입니다. 보험료와 예정이율의 관계를 이해하기 위해 보험사가 받은 보험료로 적금에 가입하는 것을 가정해 보겠습니다.

보험사는 매년 받은 보험료를 10년 간 저축합니다. 그럼 10년 뒤 원금과 함께 이자가 붙습니다. 보험사 입장에선 10년 간 저축을 통해 원금 외 이자 수익을 얻게 됩니다. 74쪽에서 보험사는 받은 보험료가 나가기 전 돈을 운용하고 나갈 때 각기 다른 이율을 적용함을 살펴봤습니다.

이 때 나가야 할 돈 중 보장(위험)보험료와 관련된 것이 예정이율입니다. 예정위험률로 인해 나가야 할 보험금은 예정이지만 정해져 있습니다. 쉽게 보험사는 상품을 만들 때 10년 뒤 필요 보험금을 미리 예측할 수 있습니다. 이 돈을 보험료를 통해 모아야 합니다. 그런데 이렇게 모아야 할 돈은 (보험료로 받은) 원금과 (예정이율이 적용된) 이자까지 고려한 목표 금액입니다.

따라서 예정이율이 높으면 이자가 많이 쌓여 내야 할 보험료가 낮아지는 것입니다. 반대로 예정이율이 낮아지면 이자가 적게 쌓여 내야 할 보험료는 높아집니다.

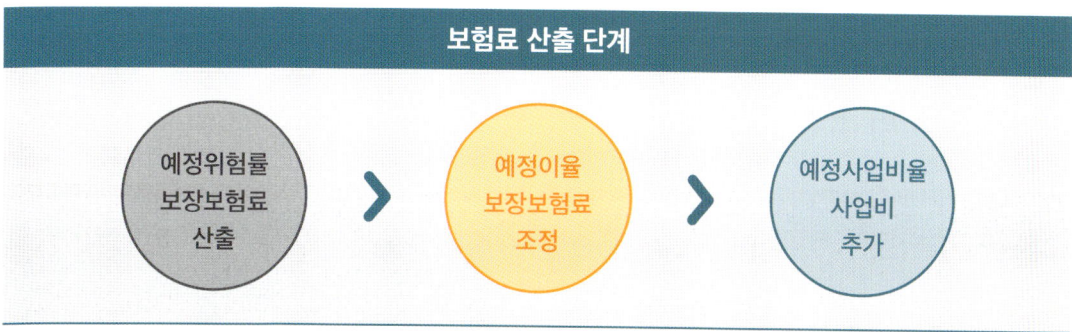

보험료는 먼저 예정위험률로 보장(위험)보험료를 산출한 후 예정이율을 적용하여 미래 필요한 보험금을 위해 현재 실제 내야 할 위험보험료를 조정합니다. 이후 예정사업비율로 계산된 사업비를 더하여 산출됩니다.

상호작용 시뮬레이션
예정이율 인하 전 상황

고객: 뉴스에서 다음 달 예정이율 인하로 보험료가 오른다고 하던데 맞나요?

 설계사: 맞아요. 그 뉴스 때문에 관련 질문을 하는 고객이 많아요.

고객: 그럼 이번 달에 가입하는 것이 좋을까요?

 설계사: 최근 보험 가입을 고려하고 계셨다면 이번 달에 가입하는 것이 조금이라도 유리하죠.

고객: 그럼 보험료를 절약할 수 있나요?

 설계사: 예정이율은 가입 당시 금리가 변하지 않고 계약이 끝날 때까지 적용돼요. 그래서 가입을 고민 중이라면 이번 달에 하는 것이 좋아요.

고객: 예정이율이 변하는 것 말고 제가 또 고민해야 할 것이 있나요?

 설계사: 보험이 꼭 필요한지 그리고 20년 정도 보험료를 꾸준히 낼 수 있는지를 신중하게 생각하고 결정하세요.

고객: 전 매달 내는 보험료만 생각했는데 오랜 시간이면 꽤 많은 돈이네요.

대출금리보다 상환 여력이 더 중요해요

시중 금리보다 높은 이자를 제공하는 적금 상품의 한시 판매는 하루 만에 소진될 정도로 사람들은 적은 금리 차이에도 민감하게 반응합니다. 또한 대출이 필요한 경우 고정 저금리 대출 상품의 금리 인상이 예상되면 당장 대출을 받는 것이 유리합니다.

하지만 대출금리보다 중요한 것은 대출의 필요성입니다. 금리가 낮다고 필요 없는 빚을 지는 것은 합리적이지 못합니다. 그리고 금리 변동보다 더 중요한 것은 상환 여력입니다. 대출금을 갚을 능력이 없다면 파산하거나 신용불량자가 될 수 있기 때문입니다.

보험에 가입할 때도 예정이율의 변화보다 필요성을 먼저 따져야 합니다. 필요 없는 보험을 '예정이율이 인하되어 보험료가 오른다'는 이유만으로 성급하게 가입하면 후회를 할 수밖에 없습니다.

만약 보험 가입을 할 계획이 있었다면 예정이율 변화 소식에 맞춰 의사결정을 하는 것이 유리할 수 있습니다. 다만 이때도 중요한 것은 보험료 납입 여력입니다. 과도한 보험료로 체결된 계약은 유지가 불가능하기 때문입니다.

결국 보험에 가입할 때 가장 중요한 것은 보험의 필요성과 적정 보험료입니다.

3. 보험료는 항상 부담스러워요
보장은 동일한데 보험료는 왜 차이가 나죠?

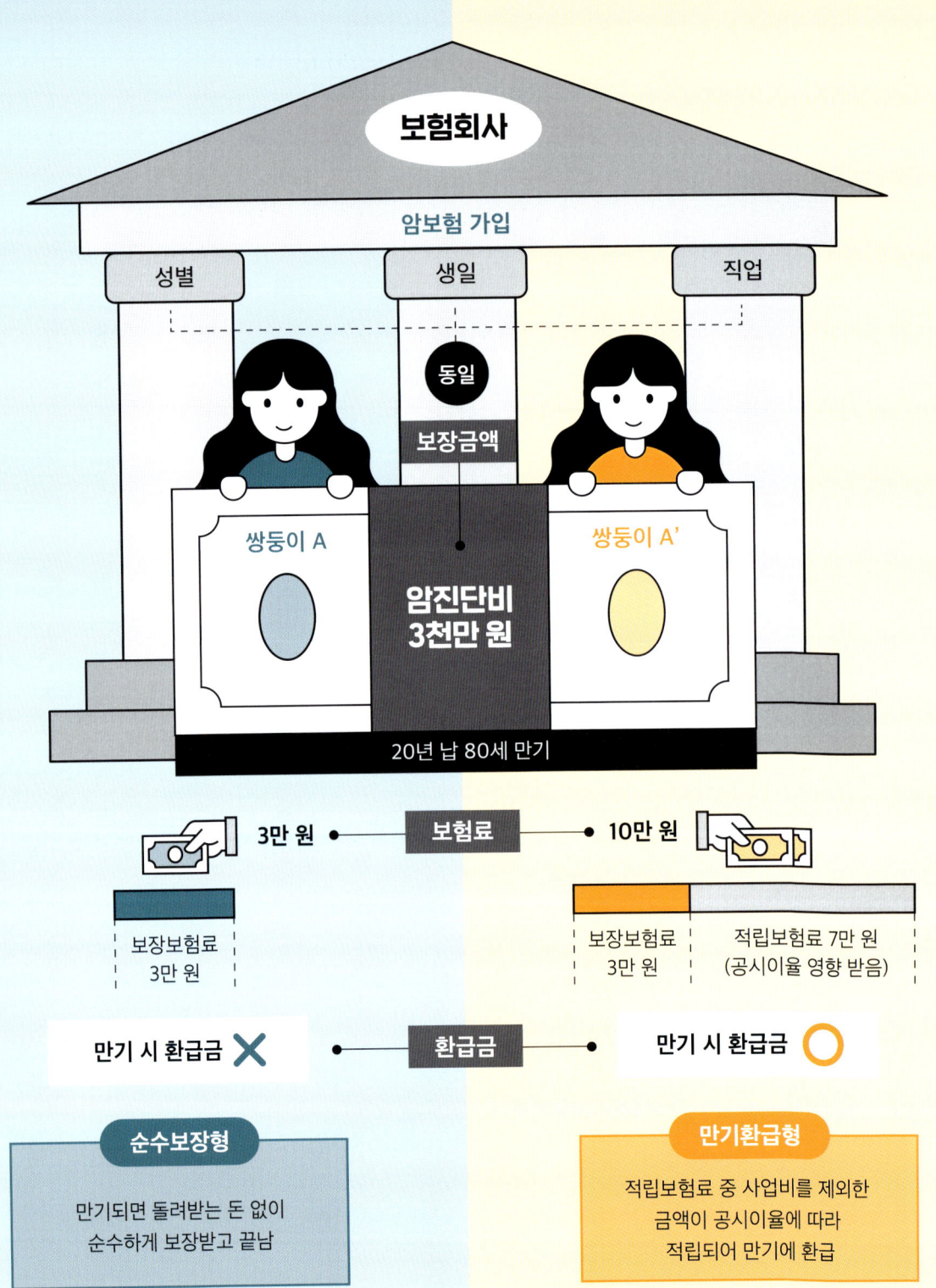

#보장보험료
#순수보장형
#적립보험료
#만기환급형

보장은 동일한데 보험료는 왜 차이가 나죠?

보험료는 가입금액, 납입기간, 보험기간 등에 따라 달라집니다. 또한 피보험자의 성별, 연령, 직업 등에 따라서도 변합니다. 만약 예시의 쌍둥이 A와 A' 같이 다른 조건이 모두 동일한데도 매월 납부하는 보험료가 더 비싸다면 적립보험료 추가 여부를 확인해야 합니다.

사고 후 보험금을 받기 위해 매달 내는 보험료 중 반드시 필요한 부분은 보장보험료입니다. 암에 걸렸을 때 보험금 3,000만 원을 받기 위해 매달 반드시 내야 할 돈은 3만 원(보장보험료)으로 동일합니다.

보장보험료에 적립보험료를 선택하여 추가할 수 있습니다. 없어도 보험금 지급에는 문제가 없습니다. 다만 만기 시 환급금을 돌려 받기 위해 추가로 더 내는 돈입니다.

보험사는 적립보험료를 일정한 이율로 쌓아줍니다. 공시이율이 높아지면 환급금이 많아지고, 낮아지면 환급금이 줄어듭니다. 공시이율은 매달 변합니다. 다만 금리가 아무리 떨어져도 보험사가 보증하는 최저보증이율 이상으로 쌓입니다.

사고를 보장받고 싶다면 적립보험료를 추가하지 않고 보장보험료만 납부하면 됩니다. 암에 걸렸을 때 보험금 3,000만 원을 위해 필요한 돈은 10만 원이 아닌 3만 원이면 충분합니다.

보장보험료와 적립보험료	
보장보험료	적립보험료
· 사고 시 보험금을 받기 위해 내는 돈 · 0원일 수 없음 · 예정이율로 사고 시 내어줄 보험금을 적립	· 만기 시 환급금을 받기 위해 내는 돈 · 0원일 수 있음 · 공시(최저보증)이율로 만기 시 돌려줄 환급금을 적립

상호작용 시뮬레이션

납입 중인 보험료가 부담되는 상황

암 관련 보장은 좋은데, 보험료가 좀 부담스러워요.

 기존 보험에서 적립보험료를 빼면 부담을 덜 수 있어요.

적립보험료를 뺄 수 있나요?

오래전 가입한 것인데 가능해요?

 그럼요. 유지 중인 계약도 언제든지 적립보험료를 뺄 수 있어요. 그래도 보장의 차이는 없으니 절약한 돈으로 보장을 더 늘리는 것이 좋겠죠.

그럼 낸 돈을 못 돌려받죠?

만기에 낸 보험료를 돌려받는 것도 좋겠지만 보험 가입의 절대적 목표는 보장이죠.

또한 돈을 돌려받아도 만기가 100세인데 아주 먼 미래의 일이죠. 그것보단 지금 암 진단 위험을 해결하는 것이 더 현명하지 않을까요?

하긴 너무 먼 미래의 일이네요.

연회비가 무료인 카드도 결제는 가능해요

편리한 신용카드의 발급을 늘리기 위해 카드사는 여러 혜택을 더합니다. 이 때문에 연회비만 수백만 원이 넘는 카드도 있습니다. 하지만 특급호텔 할인이나 항공사 좌석 등급 상향 등이 필요치 않으면 연회비가 무료인 카드도 신용결제라는 본연의 목적에는 충분합니다.

적립보험료 선택도 이와 유사합니다. 보험은 혹시 모를 사고 발생 시 보험금을 받기 위한 목적으로 가입합니다. 보장을 제외하면 나머지는 부차적인 기능입니다. 적립보험료를 추가할 경우 보장은 동일한데 매월 납부해야 할 보험료가 높아집니다. 물론 적립보험료가 없으면 만기환급금도 없지만 보험 계약의 주된 목적인 보장에는 문제가 생기지 않습니다.

연회비가 없는 카드도 결제가 가능하듯 적립보험료가 없어도 보험금은 지급됩니다.

3. 보험료는 항상 부담스러워요
보험나이는 무엇인가요?

보험나이 계산법

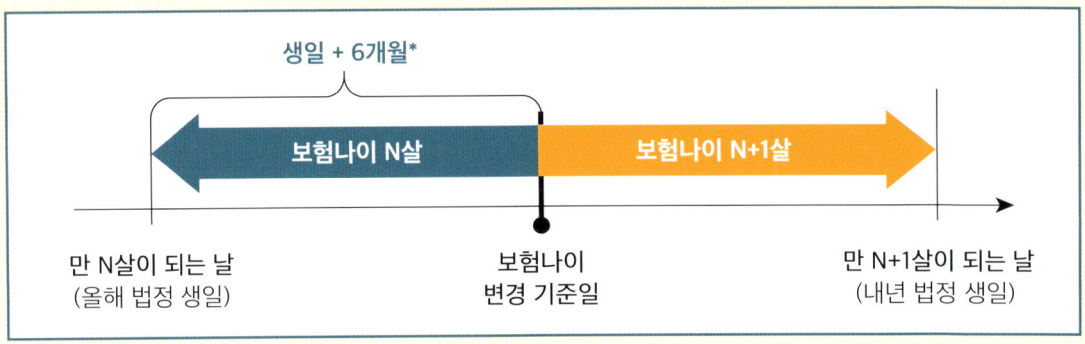

법정 생일	만 나이	기준일	기준일 전 보험나이	기준일(포함) 이후 보험나이
87. 09. 01	35세	23. 03. 01	35세	36세

22. 10. 01일 기준 보험나이 계산 예시

* 30, 31일 등 일 무시하고 월로만 6개월을 더함 / 6개월 더한 후 31일이 없을 경우 30일로 보정
8월 30일 등 6개월을 더한 날이 2월 28일 초과일이라면 3월 1일로 보정

보험나이가 필요한 이유

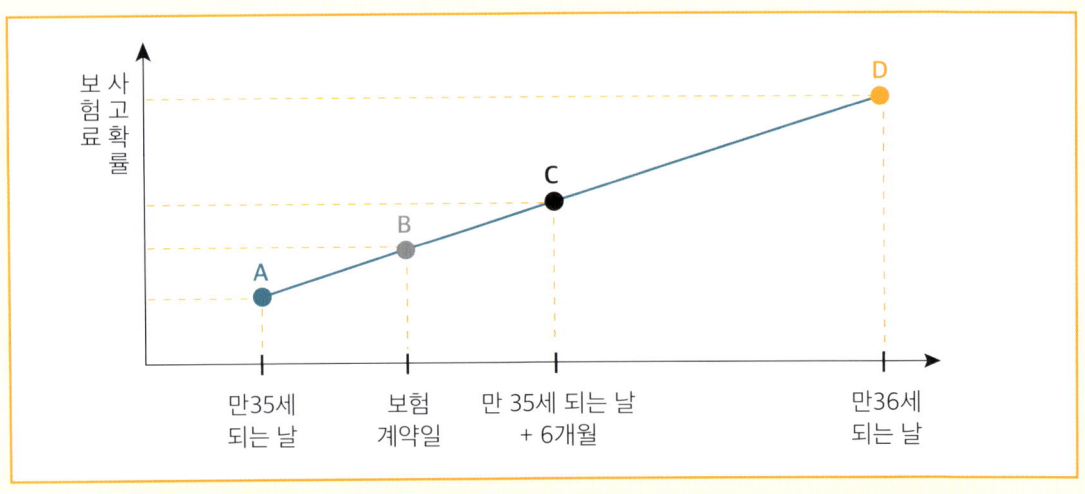

계약일(B)을 기준으로 보험료를 계산하면 복잡함	
A로 계산	보험사가 불리함
D로 계산	계약자가 불리함
중간 값인 C로 계산	둘 다 만족할 기준

인포그래픽으로 쉽게 풀어낸 보험상식

#보험나이
#법정 만 연령
#보험료 계산
#기준 연령

보험나이는 무엇인가요?

사망이나 암에 걸릴 확률 등은 나이가 많아질수록 높아지기에 관련 약관의 보험료도 비싸집니다. 따라서 몇 살에 보험을 가입하는지에 따라 내야 할 보험료도 달라집니다. 예를 들어 암진단비는 20대의 보험료가 40대에 비해 저렴합니다. 이처럼 보험을 가입할 때 적용 받는 나이는 보험료와 직결되기에 매우 중요합니다. 약관은 계약 시 피보험자의 나이를 '보험나이'란 기준으로 정합니다.

보험나이를 쉽게 계산하는 방법은 법정 생일에 6개월을 더하면 됩니다. 30일, 31일 등 일은 무시하고 월로만 6개월을 더하면 됩니다. 만약 생일이 31일인데, 6개월을 더한 달의 마지막 날이 30일인 경우에는 30일로 보정하면 됩니다. 6개월이 더해진 날짜가 보험나이 변경 기준일이 됩니다. 계약일이 기준일을 포함하지 않는 이전일이면 법정 만 연령이 보험나이가 되고, 기준일을 포함한 이후 일이면 만 연령에 한 살을 더한 나이가 보험나이가 됩니다.

보험나이가 있는 이유는 계약일과 생일이 다르기 때문입니다. 계약일은 1년 중 언제든 가능하기에 이를 기준으로 보험료를 일단위로 계산하면 보험사도 계약자도 복잡합니다. 그렇다고 생일(만 나이)을 기준으로 삼으면 보험사나 계약자 중 손해보는 쪽이 생깁니다. 따라서 양측의 유불리를 절충하여 보험나이를 기준으로 계약일 당시 적용할 나이를 정하는 것입니다.

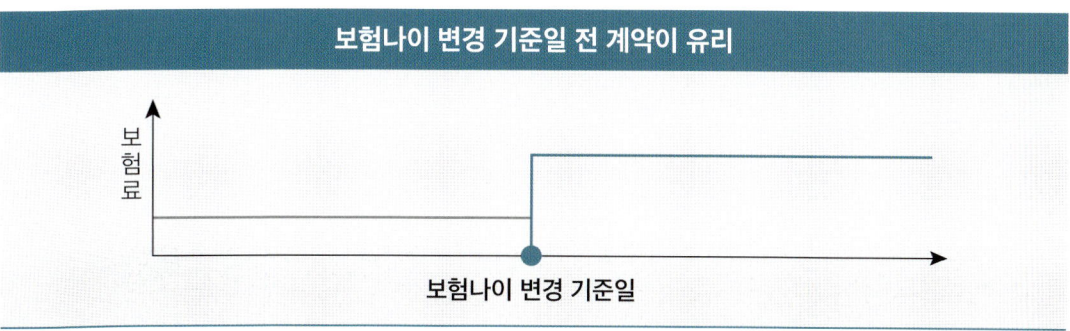

보험나이 변경 기준일이 지나 계약을 체결하면, 연령에 따라 보험료가 상승하는 약관이 포함된 계약의 경우 이전보다 보험료가 높아집니다. 이 때문에 보험나이 변경 기준일이 임박했다면 변경 전 계약 체결을 완료하는 것이 조금 더 유리합니다.

상호작용 시뮬레이션
보험나이를 잘못 알고 있는 상황

이번 달에 꼭 가입하고 싶어요.

 보험 가입을 서두르는 특별한 이유라도 있으세요? 어디 아픈 건 아니죠?

아주 건강해요.

보험은 한 살이라도 젊을 때 가입해야 보험료가 저렴하다고 해서요. 다음 달이 생일이라 그 전에 가입하고 싶어요.

 그런데 고객님은 두 달 뒤에 가입해도 이번 달과 보험료가 같아요.

생일이 지났는데 왜 보험료가 동일해요?

약관에서 보험료를 정하는 기준이 생일이 아니기 때문이죠. 보험나이가 기준인데 주민등록상 생일에서 6개월이 지나야 보험나이가 변해요.

그럼 아직 여유가 좀 있네요.

 그래도 사람 일은 모르니 가입하려고 마음 먹었을 때 빨리 가입하는 것이 안전하겠죠.

나이의 기준이 다르니 주의가 필요해요

누군가의 생일을 축하할 때 일반적으로 주민등록증의 생일에 맞추면 됩니다. 그런데 연세가 많은 경우 음력 생일을 사용하기도 합니다. 음력 생일을 쓸 경우 주민등록증의 생일과 다르게 매년 날짜가 변합니다. 따라서 상대방이 어떤 생일을 기준 삼는지를 확인하는 것이 필요합니다.

보험은 두 가지 기준으로 나이를 판단합니다. '보험나이'와 '법정 만 연령'입니다. 보험나이는 피보험목적이 사람인 장기보험에서 보험료의 기준 연령을 정할 때 사용합니다. 법정 만 연령을 사용하는 대표적인 보험은 자동차보험입니다. 만 30세 이상, 45세 이상 등 자동차보험을 사용할 수 있는 운전자의 연령을 정하는 특별약관에서 기준 연령은 운전면허증에 적혀 있는 법정 만 연령입니다.

일상에서 양력과 음력 생일이 공존하듯 보험 종목과 약관에 따라 어떤 연령 기준을 적용하는지 확인이 필요합니다.

3. 보험료는 항상 부담스러워요
보험료는 조정할 수 없나요?

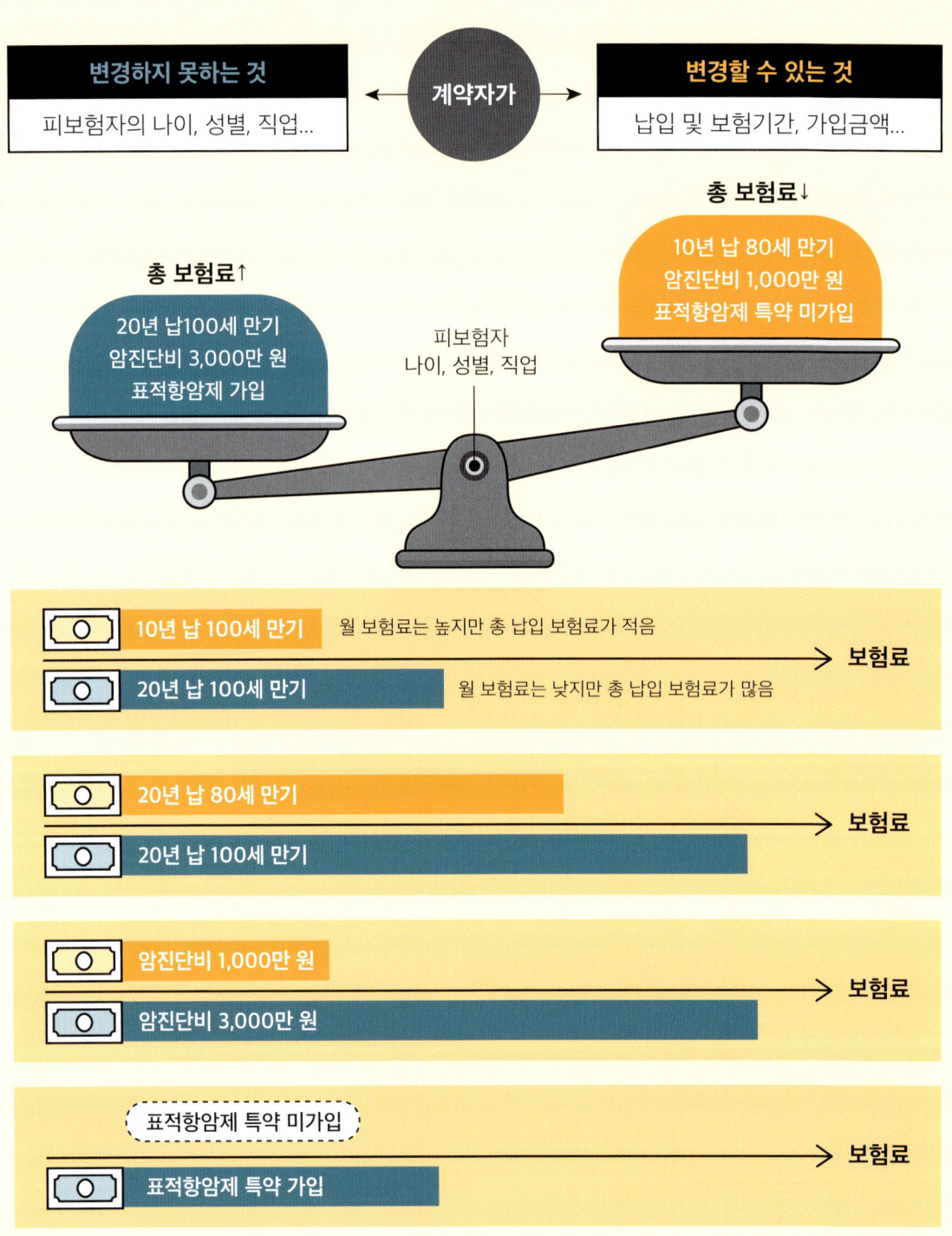

#납입기간
#보험기간
#가입금액
#담보선택
#보험료 조정

보험료는 조정할 수 없나요?

보험료는 다양한 변수의 영향을 받습니다. 그 중에서 계약자가 피보험자의 나이나 성별 등을 변경할 수는 없습니다. 하지만 납입기간과 보험기간 그리고 가입금액 등은 설계 과정에서 조정하여 보험료를 변경할 수 있습니다.

다른 조건이 동일하다면 납입기간이 짧을수록 총 보험료가 줄어듭니다. 물론 납입기간이 길수록 월납보험료는 줄어들지만 총 납입보험료를 따지는 것이 정확합니다. 그리고 보험기간이 길수록 보험료가 높아집니다. 보험료가 너무 부담스럽다면 100세 만기가 아닌 80세 만기 또는 20~30년 갱신을 선택하는 것도 고려할 수 있습니다.

만약 암진단비의 가입금액 1,000만 원을 3,000만 원으로 늘리면 보험료는 3배 높아집니다. 또한 특약을 많이 선택할수록 보험료도 높아집니다. 이처럼 변경할 수 없는 조건을 제외하면 설계 과정에서 조정을 통해 월납보험료와 총 납입보험료를 변경할 수 있습니다. 따라서 계약을 유지할 수 있는 합리적인 보험료 선택이 중요합니다.

납입기간과 보험료

납입기간이 변하면	
예정이율 기준 보험료 현가 할인	적용 사업비 변경

다른 조건이 동일할 때 납입기간이 늘어나면 월납보험료는 줄어듭니다. 쉽게 원금은 그대로인데 할부 기간이 늘어나 매월 갚아야 하는 돈이 줄어드는 원리입니다. 하지만 납입기간은 총 보험료를 두 가지 측면에서 변동시킵니다. 먼저 보험사 입장에서 납입기간이 짧아지면 그만큼 총 납입보험료를 빨리 받는 것이기에 예정이율만큼 할인을 하여 보험료를 계산합니다. 또한 적용되는 사업비가 납입기간에 따라 달라져 납입기간이 짧아질수록 총 납입보험료가 줄어듭니다.

상호작용 시뮬레이션
보험료 부담으로 가입을 망설이는 상황

고객: 설명 덕분에 이 보험에 가입하면 어떤 사고에서 보험금을 받는지가 머릿속에 잘 그려지네요.

 설계사: 그럼 이 설계로 진행할까요?

고객: 그런데... 아파트 청약이 되어서 곧 잔금도 내야하고 대출까지 받으면 이자 부담도 있어 보험료가 부담돼요.

설계사: 예정된 지출이 있으면 보험료가 부담스러울 수 있죠.

고객: 보험료를 줄일 수는 없나요?

 설계사: 그럼 20년 납 설계를 보여드렸는데, 30년 납으로 늘려볼게요. 그럼 할부 기간이 길어지니 매달 부담하는 보험료가 줄어들어요.

고객: 10년을 더 내면 보험료도 더 내는 것이죠?

설계사: 그런데 사고 발생 여부와 시점을 모르니 어떤 선택이 장점일지는 아직 몰라요. 납입기간을 길게 가져가면 당장 보험료 부담이 줄어들죠.

 설계사: 하지만 사고가 20년 내 발생하면 20년 납보다 유리한 점도 생길 수 있어요.

가격이든 보험료든 부담을 덜 수 있어요

많은 사람이 현금보단 카드 결제를 선호합니다. 편리하며 특정 조건을 충족하면 할인 쿠폰이나 이벤트가 제공되어 원래 가격보다 저렴하게 물건을 구매할 수 있기 때문입니다. 또한 할부 결제도 가능해 구매 부담도 덜 수 있습니다.

장기보험의 경우 카드의 할부 결제처럼 총 보험료를 납입기간 동안 나눠 냅니다. 설계할 때 가입금액이나 보험기간을 줄이고 늘려 보험료를 조정할 수 있습니다. 이후 최종 설계의 보험료가 산출되면 카드 할부처럼 납입기간에 따라 매달 내는 보험료 부담을 조정할 수 있습니다. 물론 총 납입 보험료가 늘어날 수 있으니 주의해야 합니다.

보험은 가입과 사고 발생 전까지 보험료를 납입하며 유지하는 것이 중요합니다. 따라서 여러 조건을 검토한 후 합리적인 보험료를 선택해야 합니다.

3. 보험료는 항상 부담스러워요
납입 중인 보험료가 부담스러운데 방법은 없나요?

보험료 납입이 어렵거나 급한 돈이 필요할 경우

- 실직
- 지출증가
- 보험료가 매달 부담스러운데...
- 대출이 필요한데...
- 주택구입
- 자녀결혼

해지환급금을 받거나 계약을 담보로 대출을 받는 방법

종류	계약유지여부	보장변동여부	보험료 변동	기타
해지	계약 해지	보장 소멸	0원	해지환급금 수령
감액	계약 유지	보장 축소	줄어듦	일부 해지환급금 수령
감액완납	계약 유지	보장 축소	0원	해지환급금으로 차후 보험료 완납
연장정기	계약 유지	보장기간 축소	0원	종신을 정기보험 형태로 변경
자동대출 납입제도	계약 유지	보장동일	기존과 동일	해지환급금을 담보로 자동으로 납입보험료 대출/향후 상환 의무
약관대출	계약 유지	보장동일	기존과 동일	대출금 상환 의무
중도인출	계약 유지	보장동일	기존과 동일	만기환급금 줄어듦

*위 제도는 상품에 따라 실행 가능 여부가 다를 수 있습니다.

감액의 두 가지 방법

가입금액 축소 감액
- 감액 전: 암진단비 : 5,000만 원
- 감액 후: 암진단비 : 2,000만 원

특약 보험기간 단축 감액
- 감액 전: 암진단비 : 100세 만기
- 감액 후: 암진단비 : 80세 만기

인포그래픽으로 쉽게 풀어낸 보험상식

#보험료 납입 중
#해지
#감액
#대출
#중도인출

납입 중인 보험료가 부담스러운데 방법은 없나요?

보험계약의 납입기간은 길기 때문에 계약자의 상황에 따라 보험료 납입이 부담스럽거나 급한 돈이 필요한 상황이 발생할 수 있습니다. 이 때 보험료를 납입하지 않으면 계약은 실효 후 강제 해지될 수 있습니다. 이런 상황에서 사고가 발생하면 경제적 어려움이 배가되기 때문에 해지 외 계약을 유지하는 여러 방법이 존재합니다.

먼저 감액을 통해 향후 납입 보험료를 줄일 수 있습니다. 감액은 가입금액을 축소하거나 특별약관의 보험기간을 줄입니다. 기존 계약과 비교 가입금액이 적어지고 보험기간이 단축되었기에 해당 부분만큼 해지환급금의 일부를 받을 수 있습니다. 또한 생명보험 상품 중에는 감액을 통해 발생한 해지환급금을 활용하여 차후 보험료를 모두 납입하는 감액완납이 가능한 것도 존재합니다.

유사한 방식으로 평생 보장되는 종신보험을 특정 기간까지 보장되도록 정기보험 형태로 변경하여 발생한 해지환급금으로 향후 보험료를 완납하는 연장정기란 제도도 존재합니다.

납입 보험료 부담과 다르게 급하게 목돈이 필요한데 은행 등에서 대출이 어려운 경우가 존재할 수 있습니다. 이런 경우 해지환급금을 담보로 대출을 할 수 있습니다.

약관 대출이란 제도를 활용하면 신용도에 영향을 주지도 않고 내 계약을 담보로 급한 돈을 보험사로부터 빌릴 수 있습니다. 또한 일시적으로 지출이 많아져 보험료 납입이 일정기간 어려운 경우 자동대출 납입제도를 활용하면 보험료를 납부할 돈을 계약을 담보로 빌릴 수도 있습니다.

끝으로 적립보험료가 포함된 계약에 가입 중인 계약자가 급한 돈이 필요할 경우 만기환급금으로 적립된 돈의 일부를 받을 수 있는 중도인출이란 제도도 존재합니다.

상호작용 시뮬레이션

계약 해지를 원하는 상황

보험료가 부담스러운데 해지할 수 있을까요?

 2년 전 가입할 때 '암 가족력이 있어 이 보험은 꼭 유지하고 싶다'고 하지 않으셨어요?

그런데... 요즘 경기가 어려워서 보험료 내기가 힘드네요.

해지하면 보장도 못 받으니 기존 계약에서 보장금액이나 보험기간을 줄여볼게요.

 그럼 보험료 부담도 낮아지고 해지환급금도 일부 받을 수 있어요.

그런 방법이 있으면 좋죠. 가능한가요?

보장은 조금 줄어들지만 당장 보험료 부담을 덜 수 있어 좋죠. 또한 일부 해지환급금도 나오니 여유가 생겨요.

 이후 여력이 생기면 그때 새로운 보험으로 추가하는 것도 좋은 방법이죠.

당장 보험료 내기가 부담스러웠는데 다행이네요.

학원을 끊지 말고 과목을 줄이면 돼요

자녀 교육에 대한 부모의 열정은 대단합니다. 교육비는 가계 지출의 최우선 순위에 둘 정도로 교육에 대한 지원은 아끼지 않습니다. 하지만 가계 소득이 어려울 경우 교육비도 고민해야 합니다. 이럴 경우 모든 학원을 다 그만두는 것보다 영어나 수학 등 필요한 과목만 선택하는 것이 현명합니다.

경제적으로 어려울 때 생기는 보험료 부담도 비슷한 방법으로 해결할 수 있습니다. 여유가 있다면 보험에 넉넉하게 가입하는 것이 좋습니다. 하지만 지출을 줄여야 할 때는 가입 중인 보험을 모두 해지하는 것이 아니라 감액이나 부분 해지하는 것이 유리합니다. 보험료 부담도 줄이고 꼭 필요한 보장만 챙겨 혹시 모를 사고를 대비할 수 있기 때문입니다.

경제적으로 어려울 때 사고까지 발생하면 큰일입니다. 따라서 필수 보장은 지키는 지혜로운 선택이 필요합니다.

2장

보험의 새로운 패러다임
상담부터 보상까지 **미리 보는 경험**

[보종별 맞춤 대응 방법] 그래서 어떻게 해야 하는데요?

1. 질병보험은 실손만 가입하면 충분하지 않나요?

2. 질병보험은 3대 진단비만 가입하면 충분하지 않나요?

3. 자동차보험은 다이렉트가 좋지 않나요?

4. 주택화재보험과 일상생활배상책임보험은 무엇인가요?

5. 국민연금말고 연금이 필요할까요?

1. 질병보험은 실손만 가입하면 충분하지 않나요?

사례툰으로 보는 일상 속 보험

2장 [보종별 맞춤 대응 방법] 그래서 어떻게 해야 하는데요?

1. 질병보험은 실손만 가입하면 충분하지 않나요?

암보험 꼭 가입해야 하나요?

암에 걸리면 치료비는 어떻게 처리될까요?

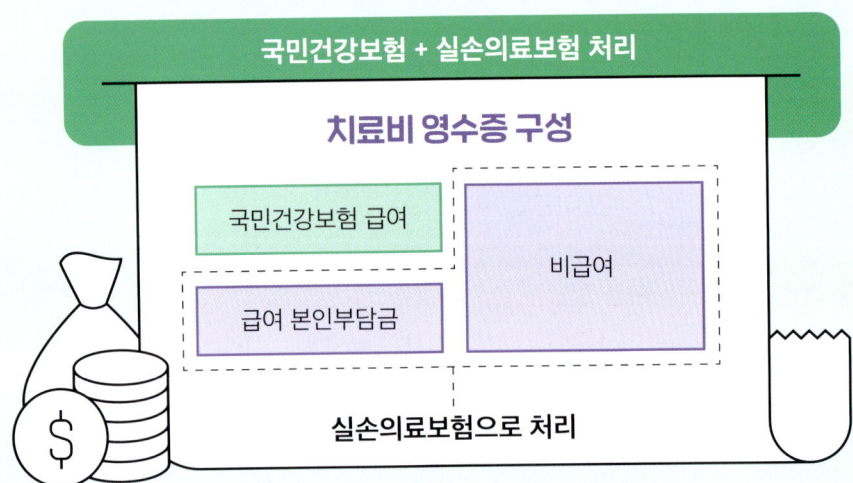

실손의료보험 보험금 청구 절차

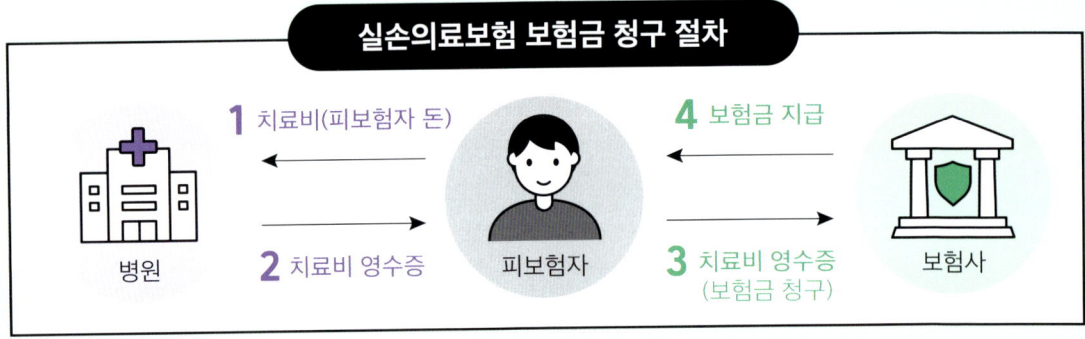

진단비는 진단서만으로 청구 가능

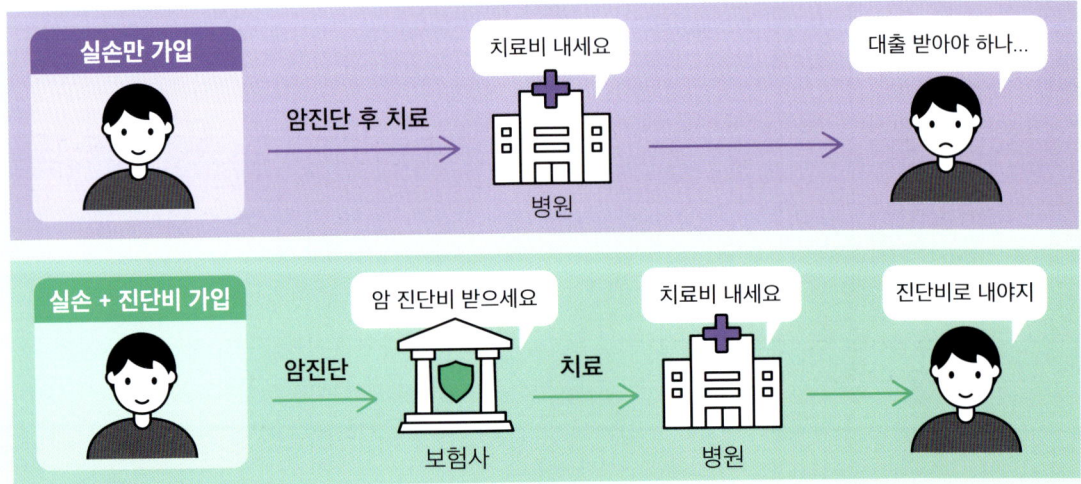

인포그래픽으로 쉽게 풀어낸 보험상식

#실손의료보험
#내돈필요
#목돈마련고민
#진단비필요

암보험 꼭 가입해야 하나요?

제2의 국민건강보험으로 불리는 실손의료보험은 대다수의 사람이 자발적으로 가입하는 보험입니다. '가장 먼저 가입해야 하는 보험', '필수로 가입해야 하는 보험'으로 불리는 이유는 아파서 병원에 갔을 때 치료비를 해결하는 주된 방법이기 때문입니다.

암과 같은 큰 질병에 걸리면 실손의료보험이 꼭 필요합니다. 공보험인 국민건강보험이 처리하지 못해 환자가 부담하는 치료비가 발생하기 때문입니다. 환자가 병원에 내야할 급여의 본인부담금과 비급여를 실손의료보험이 처리하기 때문에 큰 병에서 필수보험으로 인식됩니다.

하지만 실손의료보험을 청구하기 위해서는 병원에서 발급한 '치료비영수증'이 필요합니다. 쉽게 실손으로 보험금을 청구하기 위해서는 환자가 본인 돈으로 치료비를 먼저 결제해야 합니다. 만약 암과 같은 큰 병에서 환자가 부담할 치료비가 크다면, 실손의료보험을 청구하기 전 치료비 결제를 위한 목돈이 필요합니다.

이를 준비하는 가장 현명한 방법은 '진단비'를 가입하는 것입니다. 진단 즉시 보험금을 청구할 수 있어 실손의료보험을 청구하기 위한 치료비 결제 비용을 마련할 수 있습니다. 또한 실손의료보험의 한도가 초과하는 비용 등도 진단비를 넉넉히 준비하면 든든합니다.

보험금 지급 방식 차이	
실손의료보험 - 한도 내 실손 보상	암진단비 - 정액보상
실손 질병 입원의료비 한도 5천만 원 5천만 원 내에서 **실**제 **손**해액 보상 1천만 원을 사용했다면 해당 금액 지급 *가입한 약관에 따라 실손도 자기부담금 발생	암진단비 가입금액 5천만 원 암치료에 실제 사용한 비용에 상관없이 가입금액 지급 암으로 진단 확정 시 5천만 원 지급

상호작용 시뮬레이션
병원에서 중간정산을 요청받은 상황

고객: 원무과에서 중간정산을 요청했는데 실손 청구 좀 부탁드려요.

설계사: 아직 수납 안 하셨죠?

고객: 네. 보험금을 받아서 처리할 예정이에요.

설계사: 실손의료보험은 치료비 영수증이 있어야 보험금 청구가 가능해요.

고객: 병원 영수증은 치료비를 내야 받죠? 그럼 제 돈을 먼저 내야 하나요?

설계사: 네... 실손이 건강보험에서 처리하지 못한 비급여 등을 보상하기 때문에 영수증이 있어야 보험금 청구가 가능해요.

설계사: 보험금 청구가 들어오면 보험사는 지급 심사를 하는데 이때 치료비 영수증을 기준으로 판단을 하기 때문이죠.

고객: 아... 비급여가 많이 나올 것 같은데... 카드 한도도 안 나오고, 걱정이네요.

설계사: 저도 도움이 되고 싶은데 어쩔 수 없네요. 다만 영수증이 나오면 빠르게 처리할게요.

큰 질병을 이기기 위해서는 마중물이 필요해요

오래전에는 수동식 펌프를 사용하여 지하에서 물을 끌어 올렸습니다. 펌프 작동을 위해서는 처음 한 바가지의 물을 부어야 했고 이를 '마중물'이라 불렀습니다. 현재는 '어떤 일을 시작하기 위해 해야 하는 일 또는 필요한 것'이란 의미로 사용됩니다.

대다수의 병원비는 실손의료보험으로 해결할 수 있습니다. 하지만 실손은 환자가 치료비를 먼저 내고 받은 영수증이 있어야 보험금을 청구할 수 있습니다. 따라서 실손 청구를 위해서는 마중물 같은 초기 치료비 납부 비용이 필요합니다. 이런 문제는 진단비를 준비하여 쉽게 해결할 수 있습니다.

정리하면 치료비가 많이 필요한 암과 같은 중증질병에서 실손의료보험을 사용하기 위한 마중물이 진단비입니다.

1. 질병보험은 실손만 가입하면 충분하지 않나요?
암에 걸렸을 때 보험금은 얼마나 필요한가요?

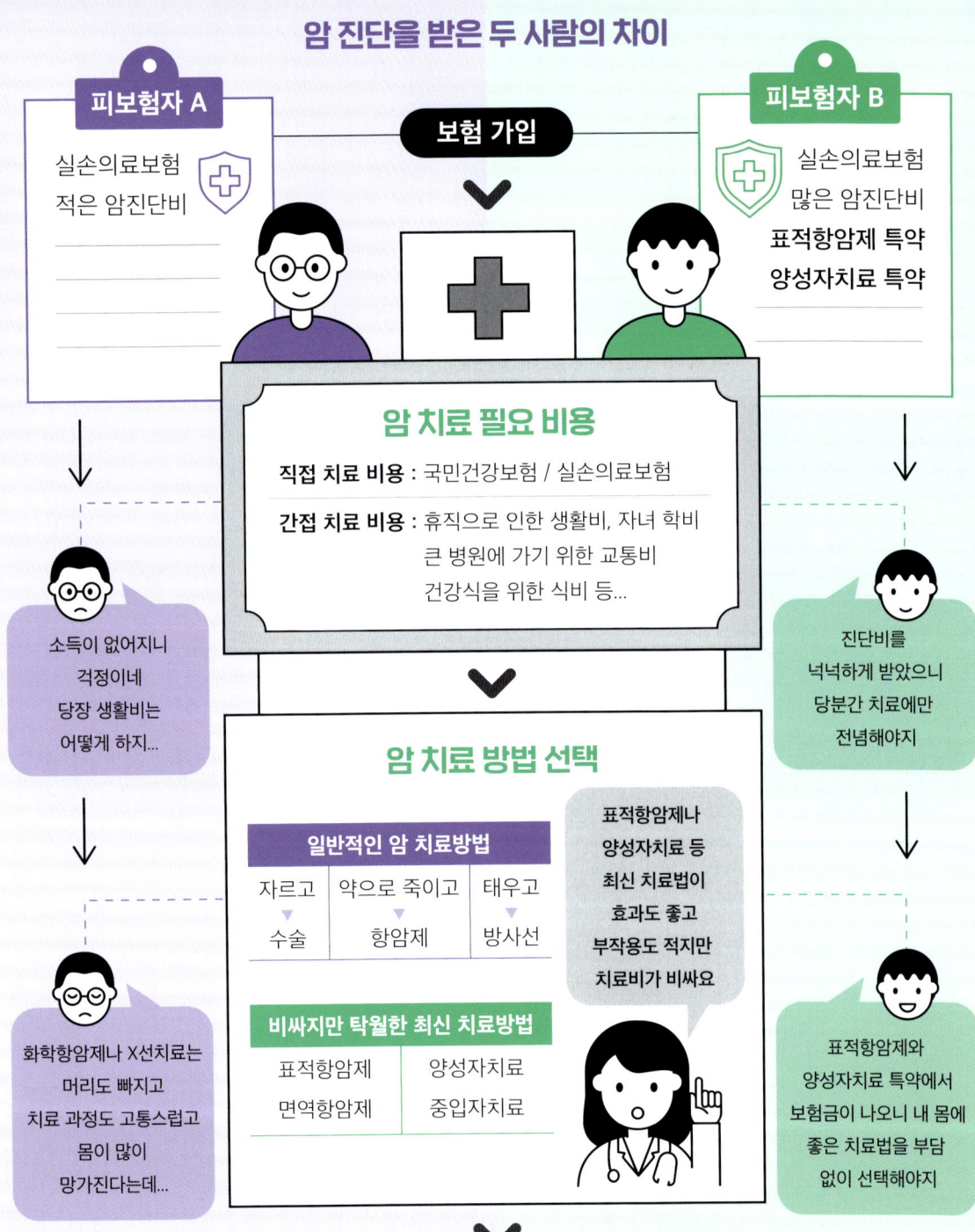

암에 걸리기 전 다른 선택이 큰 차이를 만듭니다.

#직접치료비용
#간접치료비용
#치료방법선택
#진단비의 크기
#최신치료특약

암에 걸렸을 때 보험금은 얼마나 필요한가요?

암에 걸리면 치료비 이외에도 생활비, 자녀 학비, 교통비 등 다양한 간접치료 비용이 필요합니다. 이는 건강보험이나 실손의료보험으로 해결할 수 없습니다. 따라서 암 진단비를 넉넉히 준비하면 치료에만 전념할 수 있는 여유를 만들 수 있습니다.

암의 전통적 치료 방법인 화학항암제나 X선 치료는 정상세포까지 공격하거나 파괴하여 신체에 좋지 않은 영향을 주고 치료 과정도 고통스럽습니다. 특히 치료 효과도 낮습니다.

이런 문제를 해결하기 위해 최신 치료법이 계속 연구되고 활용됩니다. 연령, 소득수준 등에 따라 차이는 있겠지만 암에 걸리기 전 많은 진단비와 최신 치료법을 보장하는 특약을 준비하면, 암으로 인한 경제적 고통을 줄일 수 있습니다.

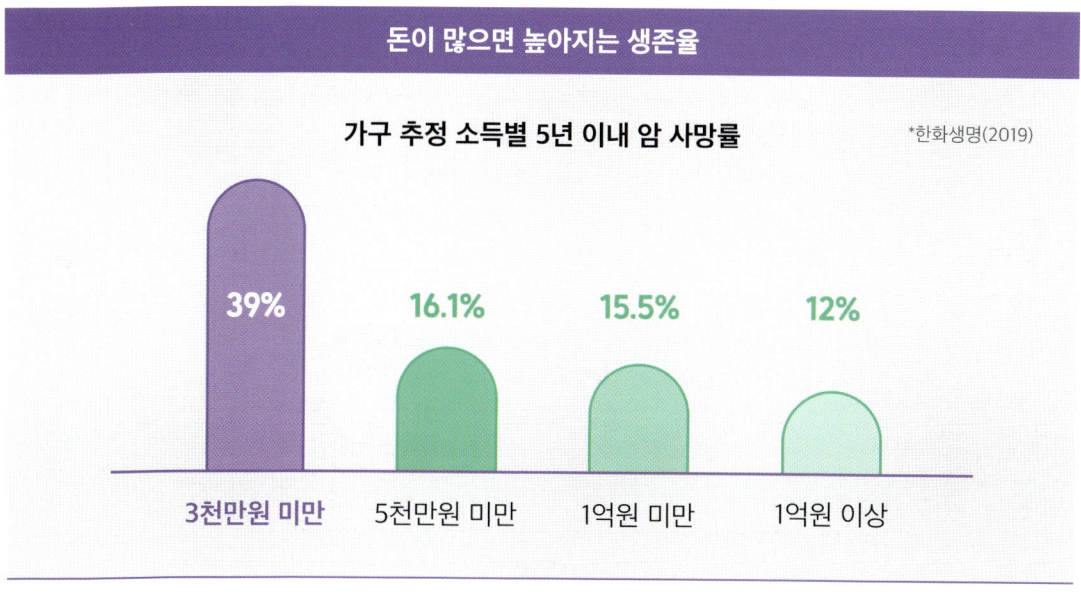

상호작용 시뮬레이션

간접치료비용을 모르는 상황

설계사: 여유가 있으면 암진단비는 조금 많이 가입하는 편이 좋아요.

고객: 실손도 있는데... 진단비를 많이 가입해야 할까요?

설계사: 암에 걸리면 치료비가 얼마나 필요한지 알고 계세요?

고객: 암에 따라 다르겠죠.

설계사: 맞아요. 그래도 대부분의 치료비는 국민건강보험과 실손의료보험으로 처리가 돼요.

고객: 저도 그렇게 알고 있어요. 그래서 암 진단비를 많이 준비할 필요가 있을까요?

설계사: 암에 걸리면 휴직을 해야겠죠. 그럼 생활비 등 다양한 간접치료비용이 필요해요. 이 금액은 실손 등으로 처리할 수 없어 진단비를 넉넉하게 준비하는 것이 좋아요.

또한 치료 과정이 길어지면 간접치료비용도 늘어나죠.

치료 기술의 발전으로 암은 더 이상 죽는 병은 아니지만 그래도 만만치 않은 중대 질병이라 확실한 대비가 필요해요.

차를 구매할 때 차량 가격만 생각하면 안 돼요

차를 처음 구입하는 사람은 차량 가격만 생각하는 실수를 합니다. 그런데 막상 출고 후 시간이 지나면 생각지도 못한 지출이 많이 발생함을 느낍니다.

우선 차량 구입 시 보험료와 취·등록세가 발생합니다. 이후 자동차세, 주유비, 통행료 등 차량을 유지하기 위한 비용도 필요합니다. 이처럼 차량을 구입할 때는 가격과 함께 유지비를 고민해야 합니다.

암 투병에 필요한 비용도 이와 유사합니다. 수술비나 입원비 등 직접치료비는 국민건강보험과 실손의료보험으로 대부분 처리할 수 있습니다. 하지만 병원에 다닐 때 필요한 교통비, 지방 거주 환자라면 숙박비, 휴직으로 인한 생활비, 건강식을 위한 높은 식대 등 간접치료비용은 본인이 부담해야 합니다.

많은 돈이 필요한 간접치료비용을 해결하는 가장 좋은 방법은 진단비를 넉넉하게 가입하는 것입니다.

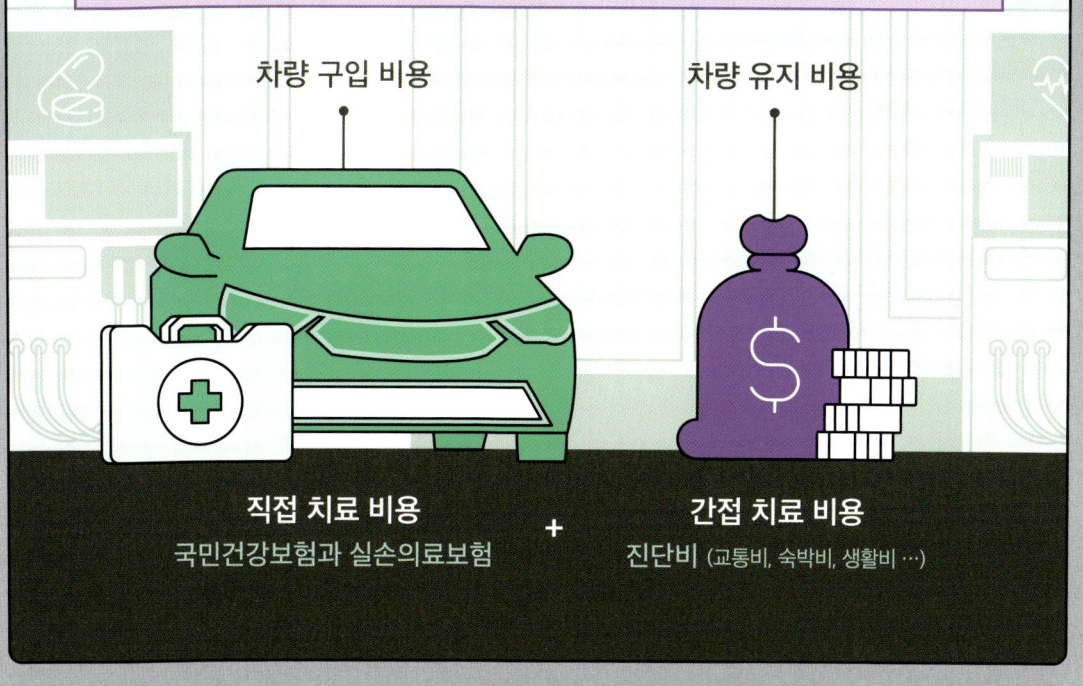

차량 구입 비용   차량 유지 비용

직접 치료 비용 + **간접 치료 비용**
국민건강보험과 실손의료보험   진단비 (교통비, 숙박비, 생활비 …)

1. 질병보험은 실손만 가입하면 충분하지 않나요?
일반암, 소액암, 유사암 등은 무엇인가요?

같은 암이지만 보험금이 다른 이유

피보험자 A — 유방암이 일반암인 보험에 가입
A의 보험증권

약관명	가입금액
암진단비(유사암 제외)	5,000만 원
유사암진단비	500만 원

피보험자 B — 유방암이 소액암인 보험에 가입
B의 보험 증권

약관명	가입금액
암진단비(유사암 및 소액암 제외)	3,000만 원
암진단비(유사암 제외)	2,000만 원
유사암진단비	1,000만 원

약관 별표 - 소액암 분류표

유방의 악성신생물	C50
자궁목의 악성신생물	C53
자궁체의 악성신생물	C54
전립선의 악성신생물	C61
방광의 악성신생물	C67

유방암≠소액암≠유사암
5,000만 원 지급

유방암=소액암≠유사암
2,000만 원 지급

위암에 걸린다면 (A와 B의 보험 모두 위암은 일반암)

위암≠소액암≠유사암
5,000만 원 지급

위암≠소액암≠유사암
3,000+2,000만 원
총 5,000만 원 지급

갑상선암에 걸린다면 (A와 B의 보험 모두 갑상선암은 유사암)

갑상선암≠소액암=유사암
500만 원 지급

갑상선암≠소액암=유사암
1,000만 원 지급

인포그래픽으로 쉽게 풀어낸 보험상식

#암보장범위
#일반암
#소액암
#유사암
#약관에 따른 차이

일반암, 소액암, 유사암 등은 무엇인가요?

동일한 암에 걸려도 보험금이 달라집니다. 약관에 따라 일반암과 소액암 그리고 유사암 등을 다르게 정의하기 때문입니다.

예를 들어 유방암에 걸린 두 사람이 가입한 각각의 보험이 유방암을 일반암으로 정하냐, 소액암으로 정하냐에 따라 보험금이 다릅니다.

유방암이 일반암으로 정의된 약관은 '암진단비(유사암 제외)'의 가입금액을 보험금으로 받을 수 있습니다. 하지만 유방암이 소액암으로 정의된 약관의 경우 '암진단비(유사암 및 소액암 제외)'에서는 보험금을 받을 수 없습니다. 이 때문에 동일한 암이라도 가입한 약관에 따라 보험금이 달라집니다.

최근 진단 기술의 발전으로 암 진단율이 높아지고 있어 암보험의 손해율도 상승 중입니다. 이 때문에 과거에는 약관에서 일반암으로 정의되던 암 중 일부를 유사암, 소액암 등으로 분류하여 보험금 지급에 차등을 두고 있습니다. 따라서 설계 및 보장점검 시 약관을 확인하는 것이 필수입니다.

약관에서 정하는 일반적인 암의 분류

유사암	소액암
갑상선암	유방암
기타피부암	자궁경부암
대장점막내암	자궁체부암
제자리암	전립선암
경계성종양	방광암

동일 상품명이라도 가입 시기에 따른 암의 분류가 다르기에 약관 확인이 필수

상호작용 시뮬레이션

암 진단비의 보장범위를 모르는 상황

설계사: 보장분석을 해보니 암보험을 많이 가입하셨네요.

고객: 저희 엄마랑 이모가 여성암으로 투병했어요. 사촌 언니도 출산 후 자궁이 좋지 않아 저도 걱정이 커요.

설계사: 여성암은 가족력이 있으면 주의가 필요해요.

고객: 실제 가족력의 영향이 크게 작용하나요?

설계사: 안젤리나 졸리가 30대에 유방과 난소 등을 미리 절제했던 이유는 외할머니와 어머니가 난소암, 이모가 유방암으로 사망했기 때문이죠.

고객: 그래서 암보험은 무리해서라도 많이 가입했어요.

설계사: 그런데 가입한 보험 중 유방암과 자궁암에 걸렸을 때 가입금액의 일부만 지급하는 것도 있는데 알고 계셨나요?

고객: 다 같은 암보험 아닌가요?

설계사: 약관에서 암의 보장범위를 다르게 정의해요. 그래서 주의가 필요하죠. 가입 중인 일부 상품만 조금 보완하면 돼요. 너무 걱정마세요.

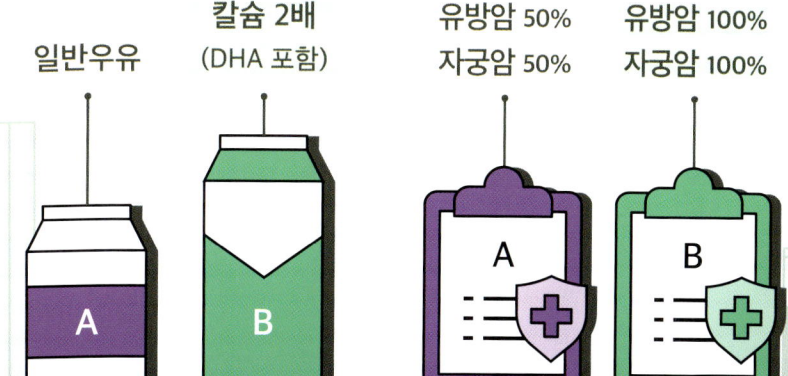

우유도 성분을 비교하듯 보험도 따져 보세요

자녀에게 좋은 것만 주고 싶은 것이 엄마의 마음입니다. 그래서 우유를 고를 때도 꼼꼼하게 따집니다. 같은 우유라도 회사와 제품에 따라 성분이 다르기 때문입니다.

암보험도 보험사마다 보장이 다릅니다. 그리고 같은 보험사라도 상품이나 가입 시기에 따라 약관의 차이가 존재합니다. 특히 암의 보장범위를 구분하는 기준이 다양해 주의해야 합니다.

흔히 암이라 부르는 악성종양의 질병분류번호는 모든 보험사가 동일하게 사용합니다. 하지만 약관에 따라 보장범위를 나누는 기준이 다르기 때문에 같은 암에 걸려도 보험금이 달라질 수 있습니다.

이 때문에 암보험을 대충 가입하면 낭패를 볼 수 있어 세심한 주의가 필요합니다.

1. 질병보험은 실손만 가입하면 충분하지 않나요?

암진단비는 한 번만 받을 수 있나요?

일반적인 암진단비의 약관 문구

"최초 1회에 한하여 정한 금액을 진단비로 수익자에게 지급"

암 진단 후 환자가 가장 걱정하는 것

"완치가 안 되거나 또 다른 암이 생기거나 전이되면 큰일인데..."

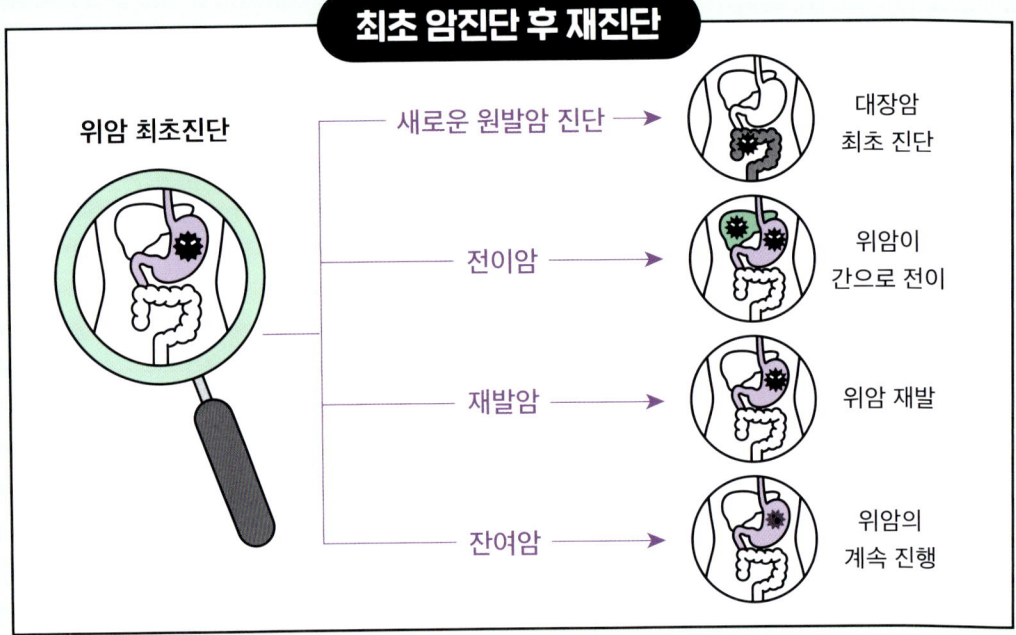

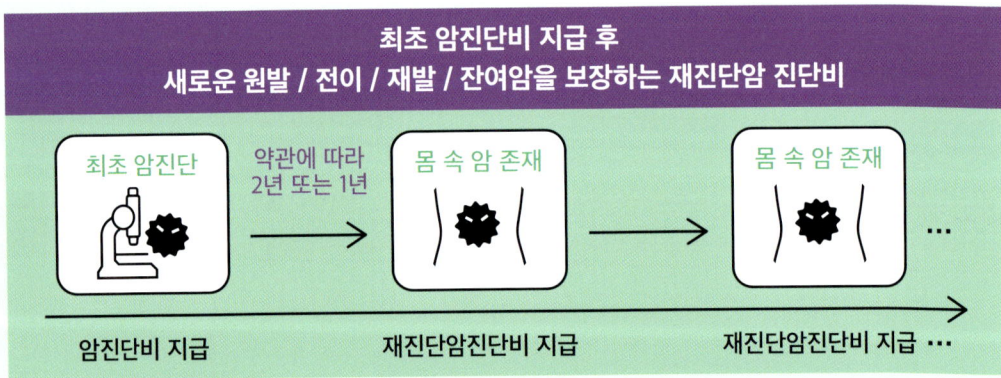

재진단암진단비는 최초 암 진단으로 진단비 지급 후 약관에서 정한 기간 이후
몸 속에 어떤 형태로든 (새로운 원발, 전이, 재발, 잔여)암이 존재하면 지속적으로 진단비 지급

*약관에 따라 새로운 원발, 전이, 재발, 잔여암에 대한 정의와 재진단암으로 인정되는 범위가 다를 수 있습니다. 또한 기타피부암, 갑상선암, 전립선암 등 재진단암에서 제외되는 암의 종류도 약관 마다 차이가 존재합니다. 따라서 정확한 내용은 약관을 확인해야 합니다.

#재진단암
#새로운 원발암
#전이암
#재발암
#잔여암

암진단비는 한 번만 받을 수 있나요?

일반적인 암진단비의 약관을 보면 '최초 1회에 한하여'란 문구가 포함됩니다. 쉽게 최초 암으로 진단 받았을 경우에만 암진단비를 지급합니다. 그런데 암환자가 가장 걱정하는 것은 완치가 안 되거나 전이 등으로 몸 속에 암이 계속 존재하는 것입니다.

이런 걱정을 해결할 수 있는 방법이 재진단암진단비의 가입입니다. 해당 약관은 일반적으로 재진단암을 4가지로 정의합니다. 최초 위암 진단을 받은 사람을 예로 들어 그 이후를 살펴보면 다음과 같습니다.

1. 새로운 원발암 : 대장에 위암과 다른 새로운 암이 진단된 경우
2. 전이암 : 위암이 간 등 다른 신체부위로 전이된 경우
3. 재발암 : 최초 위암 제거 후 위나 위 주변에 재발이 진단된 경우
4. 잔여암 : 위에 암세포가 계속 남아 있는 경우

재진단암진단비는 최초 원발암 진단 후 약관에서 정한 기간(2년 또는 1년) 이후 새로운 원발, 전이, 재발, 잔여암에 대해 지속적으로 진단비를 보장합니다. 쉽게 약관에서 정한 기간 이후 몸 속에 어떤 형태로든 암이 존재하면 피보험자가 사망하거나 암세포가 없어질 때까지 반복적으로 보험금을 받을 수 있습니다.

모든 암 5년 상대생존율 (2019년 국가암등록통계)		
기간	1993~1995년	2015~2019년
남녀 전체	42.9%	70.7% (27.8%↑)

죽는 병에서 치료하고 관리하는 병으로 변하고 있는 암
상대생존율 증가에 따른 재진단암 등 진단 이후 상황에 대한 준비 필수

상호작용 시뮬레이션

재진단암진단비의 존재를 모르는 상황

고객: 암에 걸렸던 사람은 보험 가입이 힘들죠?

설계사: 과거에는 힘들었는데 요즘에는 완치 후 일정 기간 지나면 인수되는 상품도 많이 있어요.

고객: 그래요? 돌아가신 이모가 암 진단 후 재발과 전이 때문에 고생하셨거든요.

설계사: 저런... 암은 재발과 전이가 가장 걱정되고 실제로 환자를 괴롭혀요. 투병 기간도 길어지고 환자도 몸과 마음이 모두 지쳐버려요.

고객: 그래서 이모도 돌아가시기 전 암 보험은 꼭 가입하라고 당부하셨죠.

설계사: 맞아요. 모든 암 환자가 건강할 때 보험 가입을 더 못해 둔 것을 후회해요.

고객: 저도 이모 때문에 암이 가장 걱정돼요. 젊다고 암에 걸리지 않는 것도 아니고... 그래서 암 보험은 많이 가입했는데도 불안해요.

설계사: 걱정이 크면 재진단암진단비를 추가하세요. 암 치료 중에도 특정 기간마다 계속 진단비를 받을 수 있어요.

정전이 반복되면 지속적인 빛이 필요해요

정전이 되면 해당 지역은 암흑으로 변합니다. 이때 빛이 필요합니다. 어둠 속에서 촛불이 유용하긴 하지만 정전이 반복되면 부족합니다. 이럴 경우 충전식 손전등이 더 효율적입니다.

대다수의 암보험은 '최초 1회 암 진단'만 보험금을 지급합니다. 더 이상 암에 걸리지 않는다면 일반적인 암보험은 촛불처럼 도움이 됩니다. 하지만 암 투병은 암흑 속 끝없는 터널을 계속 걸어가는 것처럼 느껴집니다. 언제 재발되거나 전이될지 모르는 불안감이 지속되기 때문입니다. 이때 충전해서 계속 사용할 수 있는 손전등처럼 1년 또는 2년마다 보험금을 지급하는 '재진단암진단비'를 미리 준비하면 큰 힘이 됩니다.

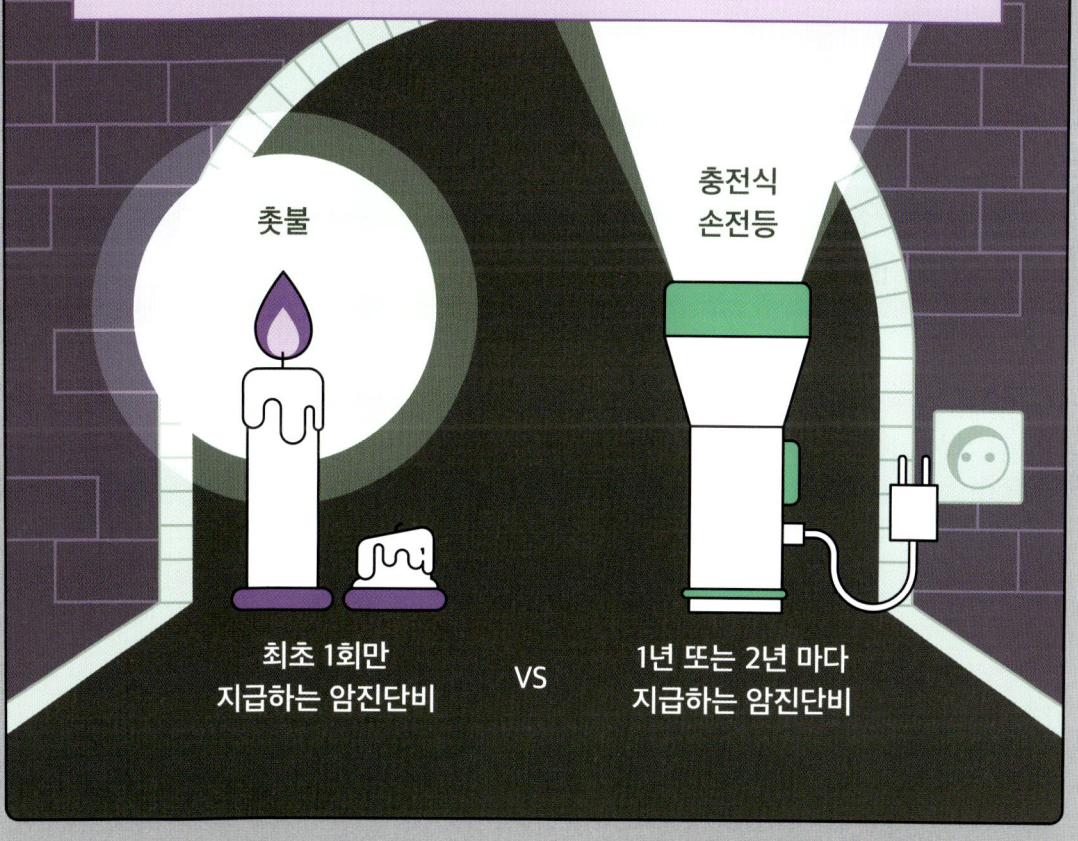

촛불
최초 1회만 지급하는 암진단비

VS

충전식 손전등
1년 또는 2년 마다 지급하는 암진단비

1. 질병보험은 실손만 가입하면 충분하지 않나요?
표적항암제 등 최신치료법을 보장하는 암보험이 필요한가요?

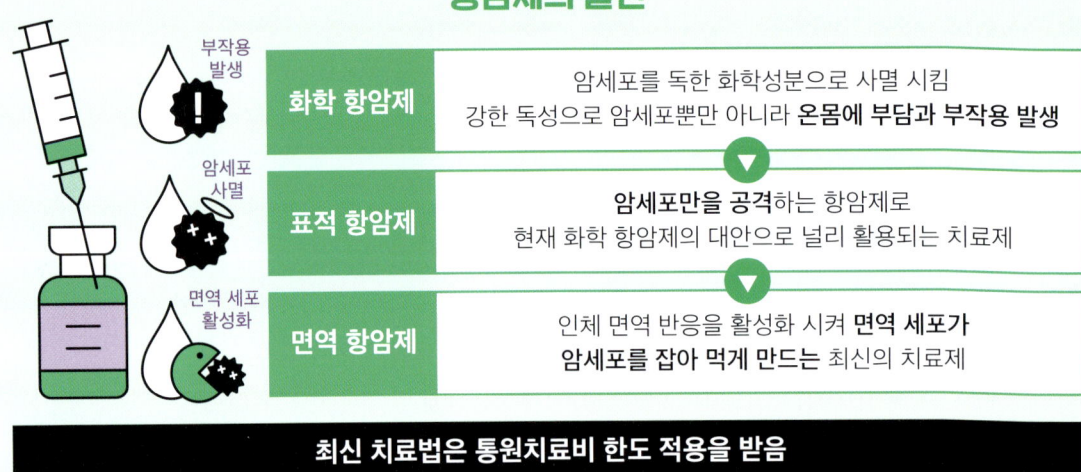

표적 항암제 등 최신 치료기술은 입원이 아닌 통원으로 치료
치료비가 비싸 실손의료보험 통원치료비 한도로는 부족
"넉넉한 암진단비 가입 또는 표적항암치료제 특약 등을 추가로 준비"

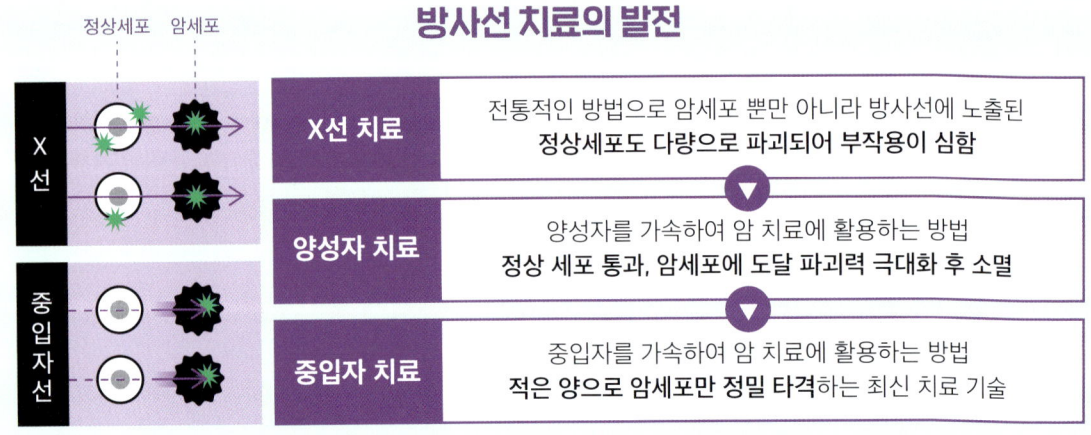

최신치료법은 효과가 좋고 부작용이 적지만 고가의 치료비가 필요
"넉넉한 암진단비 가입 또는 양성자치료 특약 등을 추가로 준비"

인포그래픽으로 쉽게 풀어낸 보험상식

#암치료법의 발전
#비싼 최신치료법
#표적항암제
#양성자치료
#실손통원한도

표적항암제 등 최신치료법을 보장하는 암보험이 필요한가요?

의료 기술은 날이 갈수록 발전합니다. 암 치료법 또한 최신 치료 방법이 지속적으로 도입되어 환자와 가족에게 희망을 품게 합니다.

암의 일반적 치료법은 3가지입니다. '잘라내고(수술), 약으로 죽이고 (항암제), 태우는(방사선)' 방법입니다. 이중 전통적인 방식인 화학 항암제와 X선 치료는 과정이 고통스럽고 부작용이 심합니다. 암세포뿐만 아니라 정상 세포를 파괴하거나 신체에 여러 악영향을 주기 때문입니다.

이런 문제를 해결하기 위해 표적 및 면역항암제, 양성자나 중입자 치료 등 부작용이 적고 효과가 높은 새로운 치료 기술이 도입되고 있습니다.
문제는 비싼 치료비입니다. 특히 최신 치료 기술은 입원이 아닌 통원 치료인 경우가 많아 실손의료보험의 통원 한도로는 치료비를 감당할 수 없습니다.

이를 해결하기 위해 표적항암제나 양성자치료를 보장하는 별도의 특약이 새롭게 출시되고 있습니다. 또한 향후 최신치료법에 대한 보장을 더욱 넓혀갈 전망입니다. 넉넉한 암진단비와 최신치료법을 보장하는 특약의 준비는 환자의 치료 선택권을 보장하기에 매우 중요합니다.

실손의료보험의 구조

항목	한도
입원치료비	3천 ~ 1억
통원치료비	10 ~ 50만 원

*가입한 약관에 따라 입원 및 통원 한도 차등

전 세계 15대뿐인 '중입자 암 치료기' (22년 11월 기준)

전 세계에서 운용 중인 중입자 암 치료기는 일본(7대), 독일, 이탈리아 등 단 15대만 존재
2023년 서울 신촌 연대 세브란스병원 도입
2025년 부산 기장 중입자치료센터 서울대변원 도입
2026년 제주 중입자치료센터 제주대병원 도입
과거 1억이 넘는 비용으로 일본 등 해외 원정 치료만 가능
국내 도입 시 비용이 낮아지겠지만 여전히 부담되는 비용
암진단비의 가입금액은 매우 중요

상호작용 시뮬레이션

실손의료보험의 입원 한도를 사용하지 못하는 상황

고객: 진단비도 넉넉하고 실손도 있는데 표적항암제 특약이 필요한가요?

설계사: 많은 암 환자가 진단 이후 치료 과정의 고통을 말해요. 그런데 표적항암제는 간단하게 경구로 복용하거나 주사를 맞아 치료할 수 있으니 환자에게 너무 좋아요.

고객: 신문을 봤는데 효과도 좋던데요. 그런데 비싸긴 엄청 비싸던데…

설계사: 그래서 표적항암제 특약이 필요하죠. 특히 표적항암제는 실손의 입원 한도 적용이 어려워요. 주사를 맞을 때 병원에 입원하진 않겠죠?

고객: 잠시 가서 금방 맞고 오겠죠.

설계사: 그럼 25만 원 내외인 실손의료보험의 통원 한도를 적용받아요.

설계사: 표적항암제는 한 번 맞을 때 수백만 원이 필요한데, 그것도 여러 번 맞아야 하니 실손만으로는 부족해요.

고객: 실손 통원 한도가 큰 병에서는 정말 적네요.

설계사: 최신 암치료방법을 보장하는 별도의 특약들이 존재하는 이유죠.

의료 기술의 발전에 맞춰 새로운 준비가 필요해요

누군가에게 돈을 보낼 때 은행에 갈 필요가 없습니다. 모바일 뱅킹을 활용하면 시간도 절약되고 편리합니다. 이처럼 발전된 기술을 활용하면 우리 삶은 더욱 더 풍요롭게 변합니다.

의료 기술도 날이 갈수록 발전합니다. 과거 암 치료는 반드시 입원을 해야 했습니다. 하지만 최근에는 통원으로 가능한 최신 치료법의 등장으로 환자의 시간과 고통을 줄일 수 있습니다. 이런 좋은 치료법을 선택하기 위해서는 새로운 준비가 필요합니다.

암 치료 기술의 발전에 따라 보험도 진화합니다. 현재 표적항암제나 양성자치료를 보장하는 특약이 존재합니다. 향후에는 면역항암제나 중입자치료를 보장하는 특약도 등장할 것입니다.

모바일 뱅킹을 활용하면 은행에 갈 필요가 없듯 최신 치료 기술에 알맞은 보험을 준비해야 할 시기입니다.

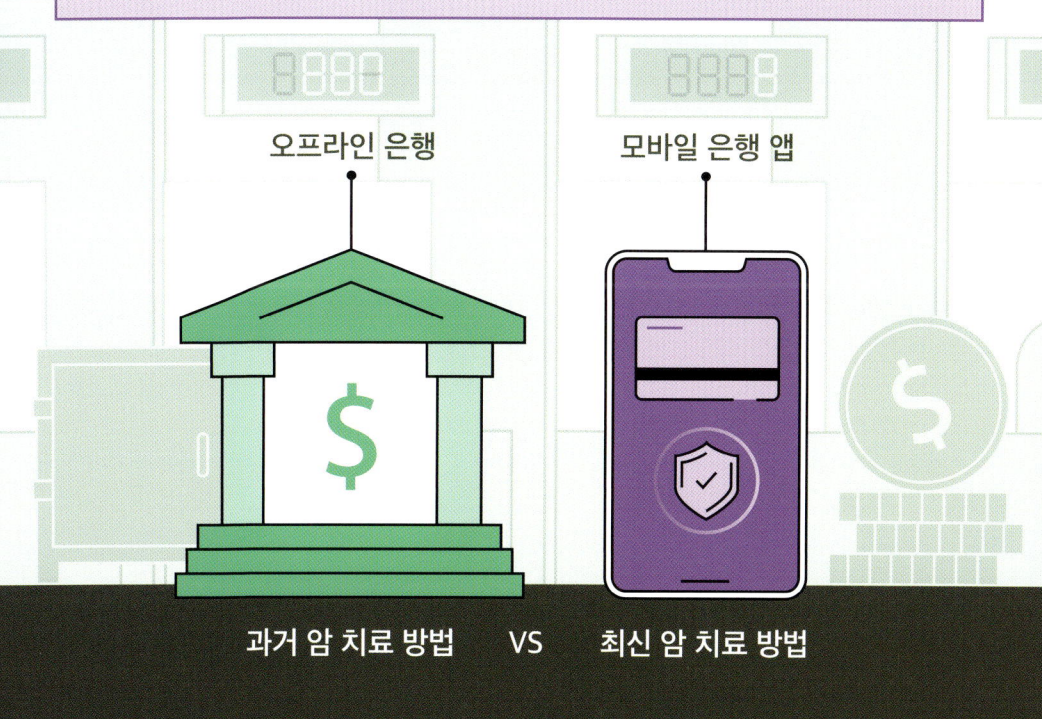

오프라인 은행   모바일 은행 앱

과거 암 치료 방법   VS   최신 암 치료 방법

1. 질병보험은 실손만 가입하면 충분하지 않나요?
고혈압과 당뇨는 심장 및 뇌혈관질환과 어떤 관계가 있나요?

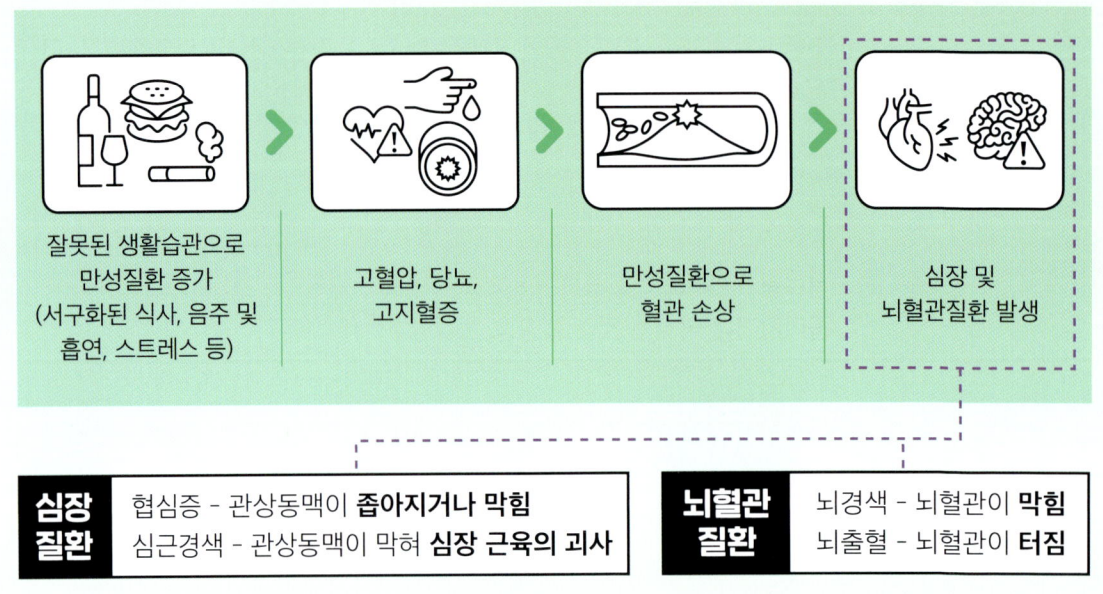

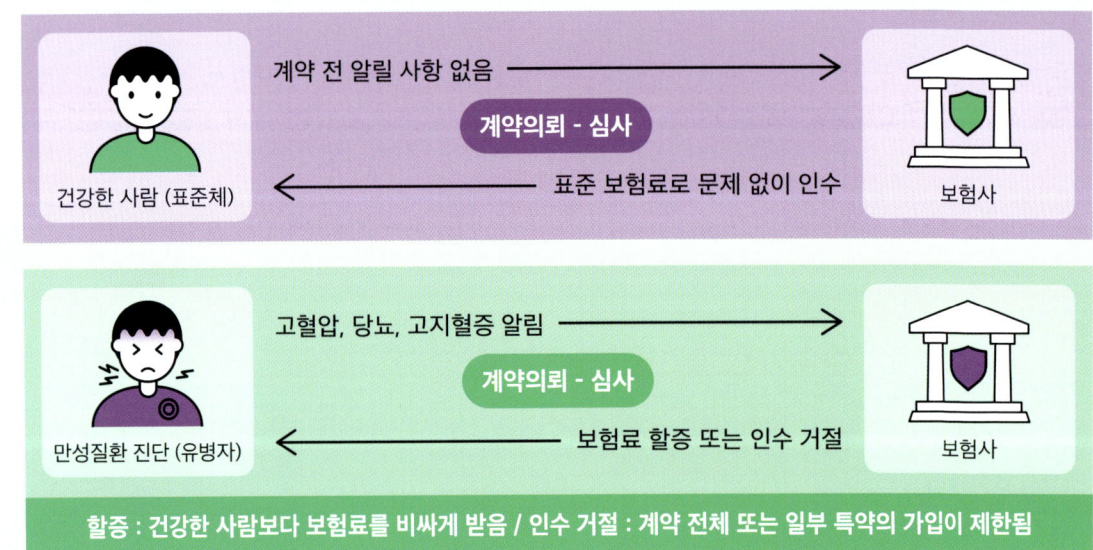

만성질환은 심장 및 뇌혈관질환의 전조질환이기에 제한적 보험 가입
보험사에 알리지 않을 경우 알릴의무위반으로 계약해지 또는 보험금 지급에 문제 발생

#중대질병의 원인
#고혈압과 당뇨
#보험료 할증
#인수거절

고혈압과 당뇨는 심장 및 뇌혈관질환과 어떤 관계가 있나요?

현대인의 잘못된 생활습관은 고혈압과 당뇨 등 만성질환을 일으킵니다. 건강검진 시 고혈압과 당뇨 진단을 받아도 당장 문제가 발생하는 것은 아닙니다. 하지만 이를 방치하면 혈관을 손상시켜 심장 및 뇌혈관질환으로 발전합니다.

높은 압력, 고혈당, 지방이 많은 혈액이 온 몸을 돌면 혈관 내부에 손상을 일으킬 수 있습니다. 심장의 관상동맥이 동맥경화증이나 죽상경화반으로 좁아지거나 막히는 것이 협심증, 죽상경화반이 파열되어 관상동맥이 혈전으로 막혀 심장근육의 괴사가 일어나는 것이 심근경색입니다. 유사하게 뇌혈관이 막히는 것이 뇌경색, 터져 출혈이 발생하는 것이 뇌출혈입니다.

이처럼 만성질환은 진단 즉시 위험하진 않지만 점차 신체, 특히 혈관을 손상시켜 심각한 질병으로 발전합니다. 이 때문에 만성질환 진단 시 건강한 사람보다 보험료를 비싸게 받거나(할증), 보험 가입이 제한(인수거절)될 수 있습니다. 따라서 건강할 때 보험에 가입하는 것과 보험료가 비싸더라도 만성질환이 중대질병으로 발전되기 전 보험 가입을 서두르는 것이 중요합니다.

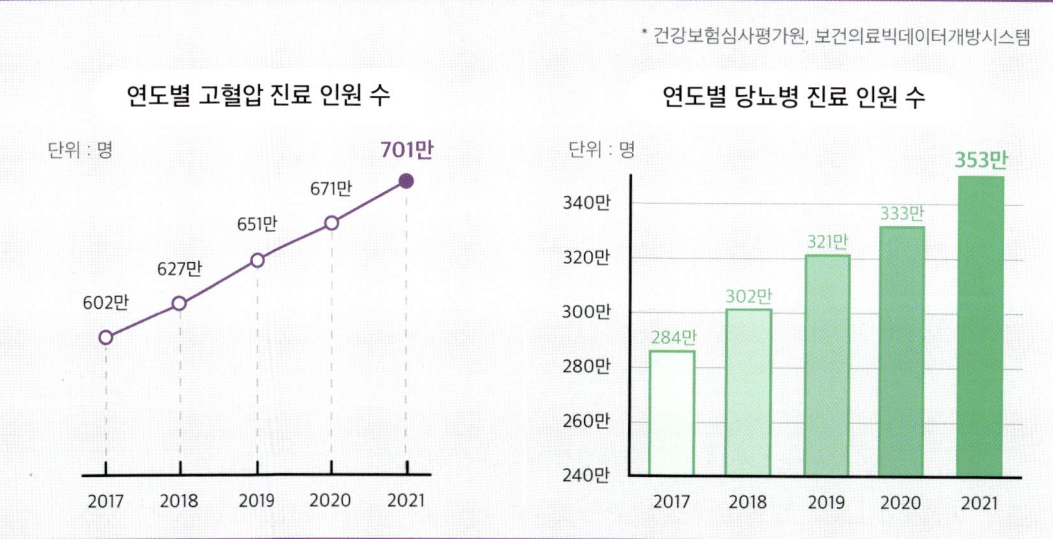

당뇨 고혈압 환자가 증가하고 있어 중대 질병에 대한 빠른 대비가 필요

* 건강보험심사평가원, 보건의료빅데이터개방시스템

상호작용 시뮬레이션

만성질환의 위험성을 모르는 상황

설계사: 어디 아프거나 치료받은 적은 없으시죠?

고객: 건강검진에서 고혈압 진단을 받았는데, 이 정도는 괜찮죠?

설계사: 고혈압은 보험사에 알려야 하고 보험료가 비싸질 수 있어요.

고객: 처방받은 약도 안 먹는데 꼭 알려야 하나요?

설계사: 혈압이 높다는 건 혈관이 건강하지 않다는 증거예요. 그럼 뇌출혈 같은 중대 질병의 발병 확률이 높아지고 만성신부전증 등 합병증 위험도 증가하죠.

많은 사람이 고혈압이나 당뇨가 당장 큰 문제가 없으니 대수롭지 않게 생각해요.

그런데 이를 제대로 알리지 않고 보험에 가입하면 나중에 보험금 지급에도 문제가 발생해요.

고객: 당장 아프지 않아서 문제없다고 생각했는데 심각하네요.

설계사: 젊은 만성질환 유병자는 적극적인 관리를 하지 않아서 더 위험할 수 있죠. 지금부터 건강관리에 유념하고 보험도 든든하게 준비하세요.

잘못된 생활습관을 바꿀 수 없다면 대책이 필요해요

다리 위로 견딜 수 없는 무거운 것이 지속적으로 다니면 균열이 발생하고 붕괴 위험이 커집니다. 이를 방치하여 다리가 무너지면 엄청난 복구 비용이 필요합니다. 따라서 약해진 다리가 붕괴되기 전 버팀목을 대는 등 대책이 필요합니다.

음주와 흡연 그리고 스트레스 등 현대인의 잘못된 생활습관은 건강을 해칩니다. 여기에 고혈압이나 당뇨와 같은 만성질환이 겹치면 우리 몸은 버티질 못합니다. 그래서 운동을 하고 금연과 금주를 결심하지만 잘못된 습관은 고치기 힘듭니다.

==중대질병의 원인을 없앨 수 없다면 보험에 가입하는 것처럼 다른 대책이 필요합니다. 암에 걸리거나 뇌출혈로 쓰러지면 보험에 가입할 수 없고 치료비도 많이 필요하기 때문입니다.== 따라서 크게 아프기 전 미리 준비한 보험은 좋은 버팀목이 될 수 있습니다.

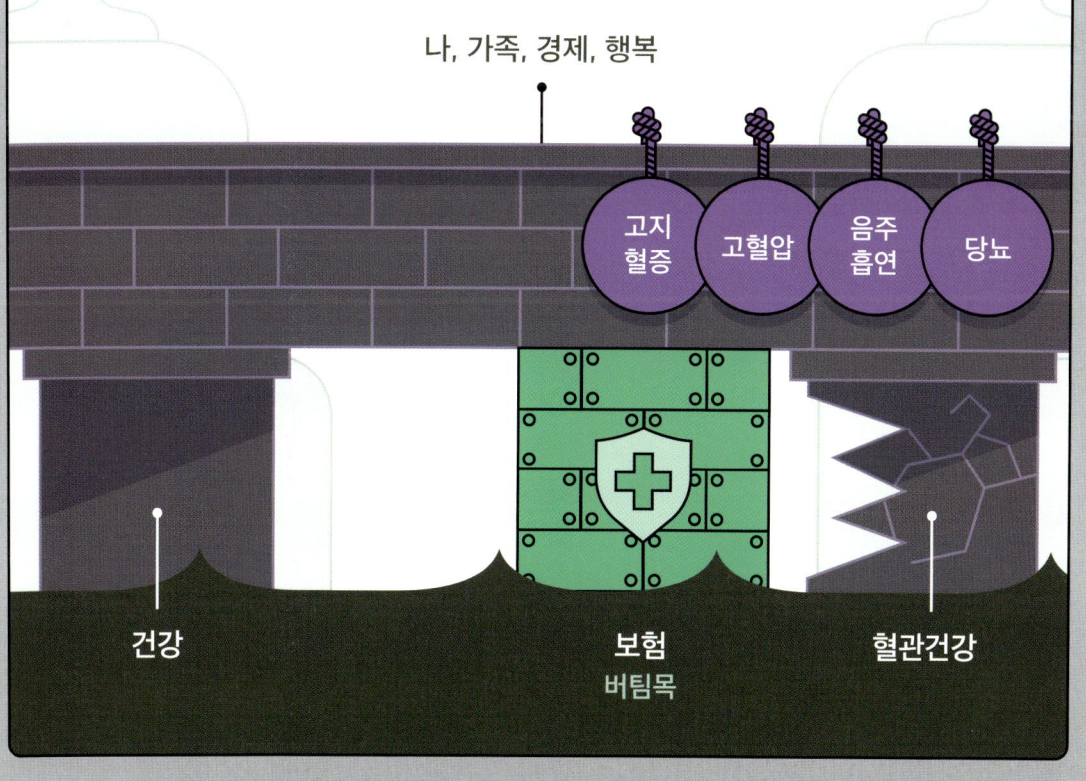

1. 질병보험은 실손만 가입하면 충분하지 않나요?
왜 뇌혈관질환진단비가 중요한가요? 뇌출혈이랑은 다른가요?

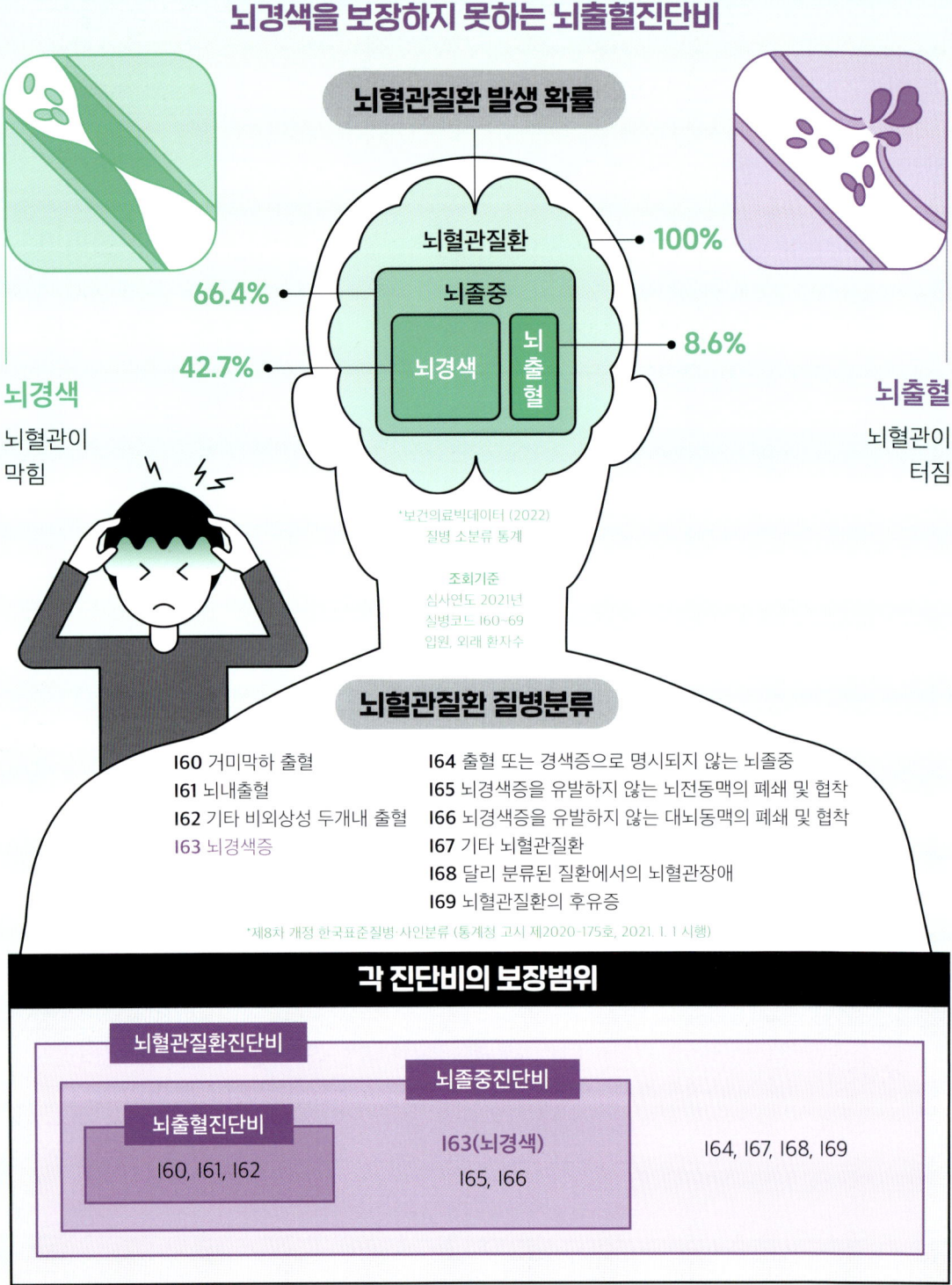

#뇌혈관질환
#보장범위
#뇌출혈
#뇌경색

왜 뇌혈관질환진단비가 중요한가요? 뇌출혈이랑은 다른가요?

뇌출혈과 뇌경색을 포함하는 개념이 뇌졸중입니다. 뇌경색은 뇌출혈에 비해 훨씬 많은 빈도로 발생합니다. 따라서 가입 중인 보험이 뇌경색을 보장하는지 점검하는 것이 필요합니다.

오래된 보험 계약은 뇌출혈진단비만 가입한 경우가 흔합니다. 이럴 경우 뇌경색 등을 보장하지 못해 보험금을 청구할 수 없습니다. 따라서 가입된 보험이 뇌혈관질환을 얼마나 넓게 보장하는지 살피는 것은 보험금 지급 여부와 직결되기에 매우 중요합니다.

뇌혈관질환을 보장하는 진단비의 종류는 크게 세 가지입니다. 보장범위가 가장 좁은 뇌출혈진단비와 가장 넓은 뇌혈관질환진단비가 존재합니다. 그리고 둘 사이에 뇌졸중진단비가 있습니다. 최근에는 뇌혈관질환을 넘어 뇌전증이나 파킨슨병 등 뇌질환으로 보장범위가 넓어지는 약관도 출시되고 있습니다.

*일부 상품의 특별약관은 '뇌졸중진단비' 대신 I63 뇌경색증만 보장하는 '뇌경색증진단비'가 존재하는 경우도 있습니다. 보장범위에 대한 자세한 내용은 약관을 참고해야 합니다

뇌혈관질환의 산정특례 기간

질병	암	심장질환	뇌혈관질환
3대 진단 산정특례			
특례기간	5년	최대 30일 (수술/입원)	
부담률	5%		
적용범위	외래 또는 입원진료, 약국 포함 입원 / 외래 본인부담금 (비급여, 전액본인부담 항목 제외)		

치료비 부담이 큰 질병에 걸린 환자들의 본인부담금 경감을 위한 제도인 산정특례에서 뇌혈관질환의 특례 기간은 최대 30일입니다. 뇌혈관질환으로 쓰러진 후 응급실 - 수술실 - 입원실을 거치면 보통 특례 기간이 끝납니다. 만약 후유증으로 신체마비가 올 경우 전문병원에서 재활치료가 필요한데, 이 경우 특례 적용이 어려워 뇌혈관 질환 관련 진단비는 보장범위와 더불어 보장금액도 매우 중요합니다.

상호작용 시뮬레이션
뇌혈관질환을 구분하지 못하는 상황

고객: 오래전에 가입한 보험인데 문제는 없나요?

설계사: 납입도 오래했기 때문에 유지하면서 보완만 하면 좋겠어요.

고객: 어떤 것이 부족한가요? 그때 정말 좋은 보험이라고 해서 가입했는데…

설계사: 뇌출혈진단비만 가입 중이라 뇌경색 등을 보장받을 수 없네요.

고객: 뇌출혈과 뇌경색은 다른 질병인가요?

설계사: 뇌경색은 뇌혈관이 막히는 것이고 뇌출혈은 막혀 있던 혈관이 터지는 것이죠.

설계사: 혈관이 막히는 경우가 터지는 경우에 비해 훨씬 많아요. 그런데 오래전 보험은 뇌출혈만 보장하는 상품이 주를 이뤄서 비슷한 문제를 가진 분들이 많아요.

고객: 그럼 뇌경색진단비를 추가 가입해야 하나요?

설계사: 뇌경색을 포함하는 뇌혈관질환진단비와 수술비 등을 권해드려요.

설계사: 향후에도 더 좋은 보험이 계속 나오겠지만 조금씩 보완하면 안심이 돼요.

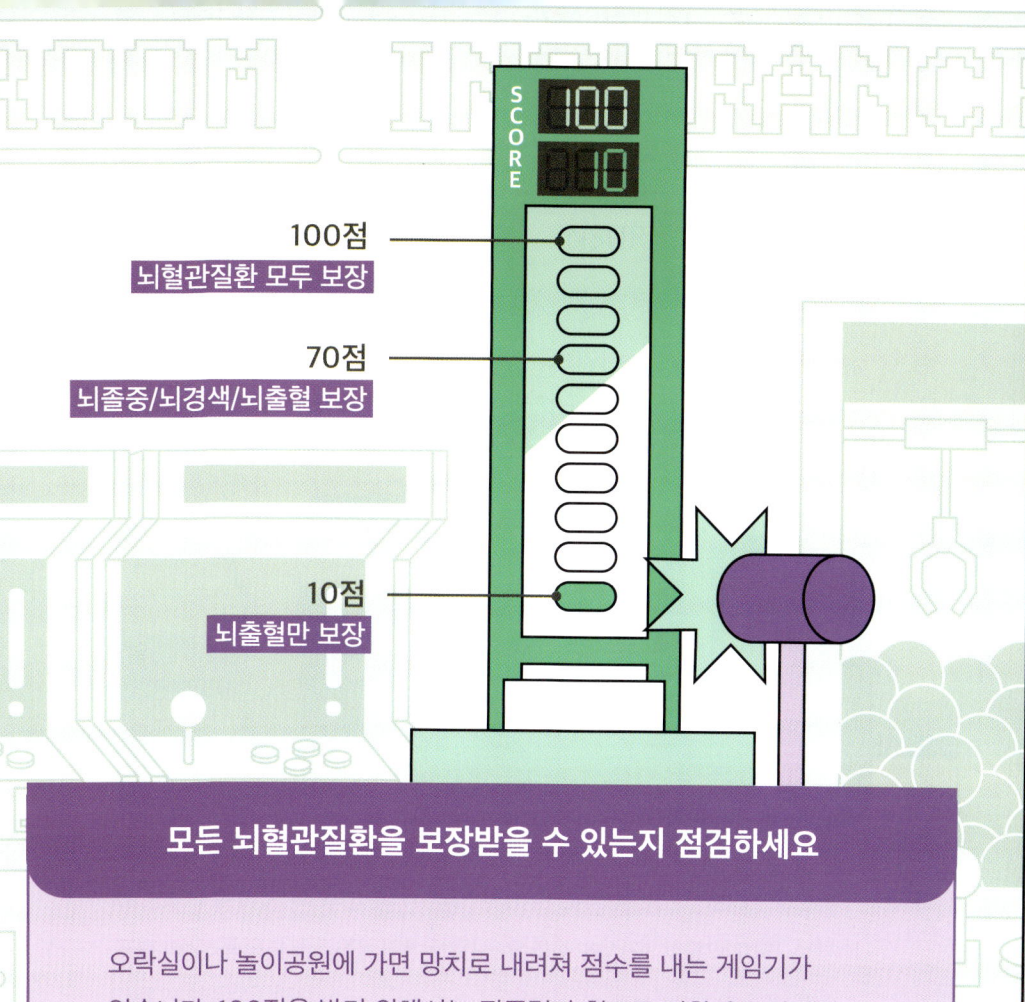

100점
뇌혈관질환 모두 보장

70점
뇌졸중/뇌경색/뇌출혈 보장

10점
뇌출혈만 보장

모든 뇌혈관질환을 보장받을 수 있는지 점검하세요

오락실이나 놀이공원에 가면 망치로 내려쳐 점수를 내는 게임기가 있습니다. 100점을 받기 위해서는 집중력과 힘으로 정확하고 강하게 쳐야 합니다.

뇌는 신체의 모든 운동기능을 통제하는 가장 중요한 기관입니다. 따라서 뇌혈관질환을 이겨 내기 위해서는 100점짜리 보험이 필요합니다.

그런데 집중하지 않고 대충 가입해서 100점 만점에 10점인 보험이 많습니다. 뇌출혈진단비만 가입된 경우 뇌경색 등을 보장받지 못해 뇌혈관질환을 효과적으로 대응할 수 없습니다.

현대인은 잘못된 생활습관과 만성질환 때문에 뇌혈관 건강에 적신호가 들어온 상태입니다. 따라서 미리 가입 중인 보험의 보장 점수가 몇 점인지 확인해야 뇌혈관질환을 대비할 수 있습니다.

1. 질병보험은 실손만 가입하면 충분하지 않나요?
급성심근경색과 허혈성심장질환은 무엇인가요?

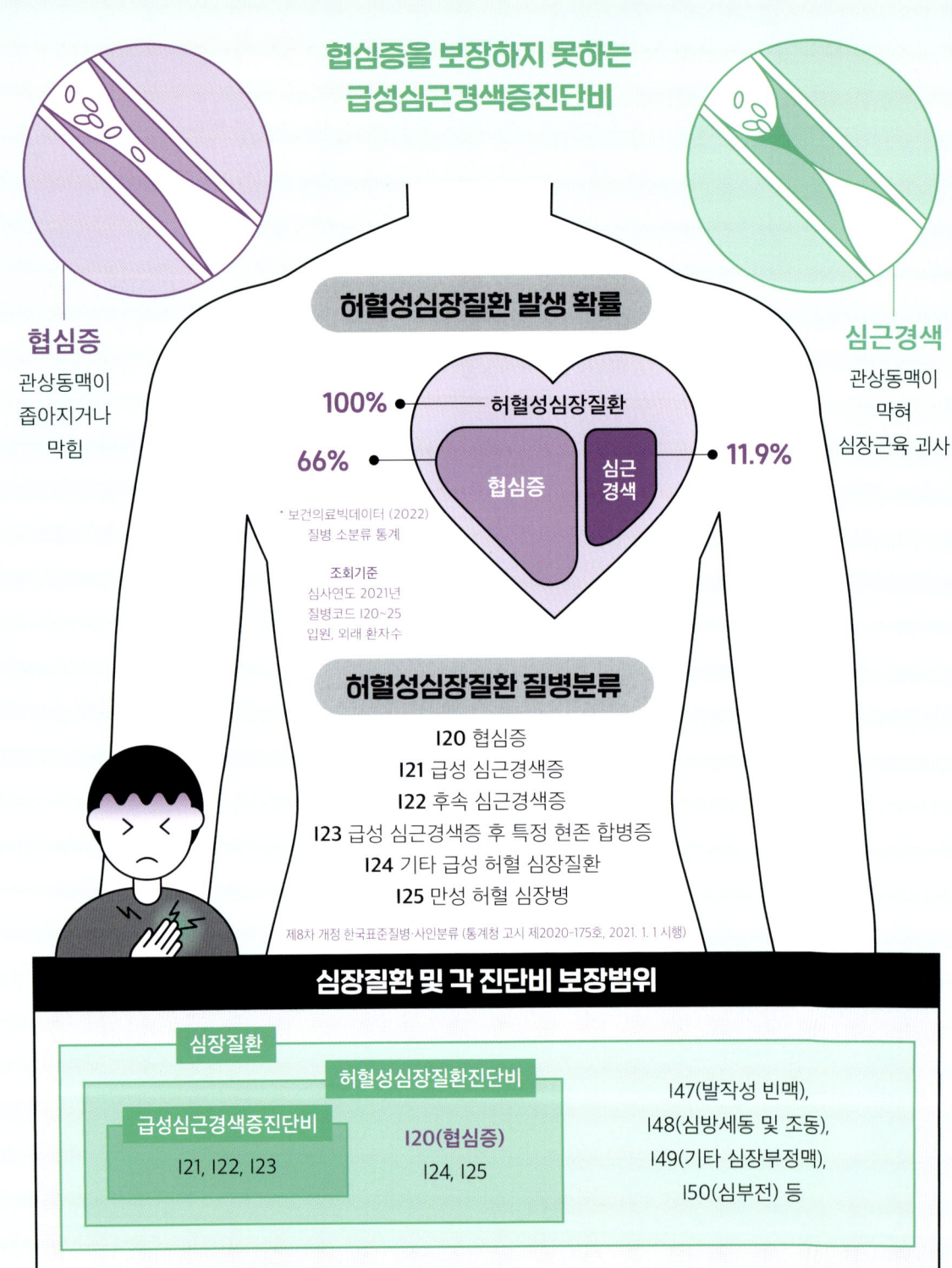

인포그래픽으로 쉽게 풀어낸 보험상식

#허혈성심장질환
#보장범위
#급성심근경색
#협심증
#심장수술

급성심근경색과 허혈성심장질환은 무엇인가요?

심장 근육에 산소와 영양분을 공급하는 혈관이 관상동맥입니다. 혈관 손상으로 관상동맥이 좁아지거나 막히는 것이 협심증, 막혀 심장근육의 괴사가 진행되는 것이 심근경색입니다.

오래된 보험 계약은 허혈성심장질환의 일부인 심근경색만 보장하는 경우가 많습니다. 급성심근경색증진단비는 혈관이 좁아지는 협심증을 보장하지 못합니다. 따라서 허혈성심장질환진단비를 추가하는 등의 대비가 필요합니다.

또한 허혈성심장질환진단비의 보장범위도 전체 심장질환의 일부만 보장됩니다. 따라서 다양한 심장질환 보장을 받기 위해서는 보장범위가 넓은 심장질환 수술비 특약 가입을 고민해야 합니다. 최근에는 허혈성심장질환을 넘어 부정맥이나 심부전 진단까지 보장하는 약관도 출시되고 있습니다.

대표적 심장 수술

심근경색
관상동맥이 막히면 우회

관상동맥우회술

→ 우회혈관

협심증
관상동맥이 좁아지면 넓힘

관상동맥성형술

풍선확장술   스텐트삽입술

상호작용 시뮬레이션

급성심근경색증진단비만 가입한 상황

고객: 협심증은 원래 보험금이 안 나오나요?

설계사: 나오죠. 왜 그러세요?

고객: 친한 친구가 심장에 이상이 있어 병원을 갔는데 협심증 진단을 받았어요.

그런데 진단비를 받지 못한다고 해서 속상해하더라고요.

설계사: 심근경색만 보장되는 진단비에 가입했나 보네요.

고객: 그럼 협심증 보장이 안 되나요?

설계사: 협심증은 심장의 중요한 혈관이 좁아지는 것을 말해요.

설계사: 반면 심근경색은 혈관이 막혀 심장 근육의 괴사가 진행되는 것을 의미해요. 통계를 살펴보면 협심증의 유병률이 심근경색보다 높아요. 그런데 급성심근경색증진단비는 협심증을 보장하지 않아요.

고객: 그럼 어떻게 대비해야 하나요?

 설계사: 협심증까지 넓게 보장하는 허혈성심장질환진단비 등의 가입이 필요해요.

망가진 심장과 혈관은 고치기 힘들어요

오래된 건물은 수압이 약하거나 배관에 녹이 습니다. 이럴 경우 펌프를 바꾸거나 수도관을 교체하면 됩니다. 하지만 온몸에 피를 보내는 심장과 혈관을 바꾸는 것이 쉽지 않습니다. 따라서 고장 나기 전 건강관리에 신경을 쓰고 혹시 모르니 보험도 가입해야 합니다.

수도관을 오래 쓰면 좁아지고 막히듯 나이가 들면 혈관에도 문제가 생깁니다. 심장근육에 산소와 영양분을 공급하는 관상동맥도 좁아지고 막힐 수 있습니다. 특히 건강검진의 보편화와 의료기술의 발전으로 혈관이 막히기 전 좁아지는 것을 발견하는 비율이 높아지고 있습니다. 따라서 협심증까지 보장되는 허혈성심장질환진단비의 가입여부를 확인하는 것이 중요합니다.

심장은 멈추면 사망에 이르는 중요한 장기입니다. 따라서 이를 보장하는 보험을 제대로 점검하고 관리하는 것이 필요합니다.

1. 질병보험은 실손만 가입하면 충분하지 않나요?

뇌혈관질환, 허혈성심장질환진단비만 가입하면 문제없나요?

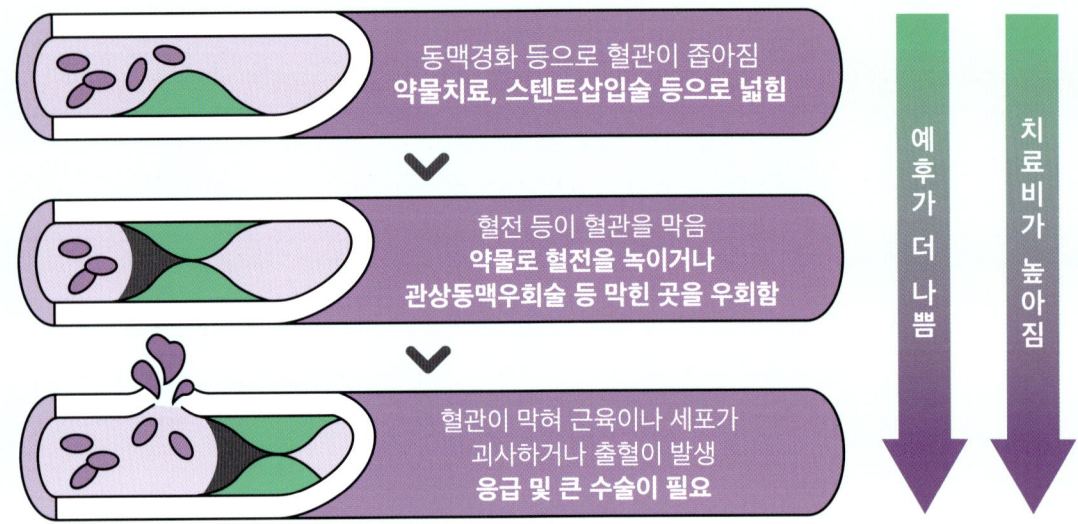

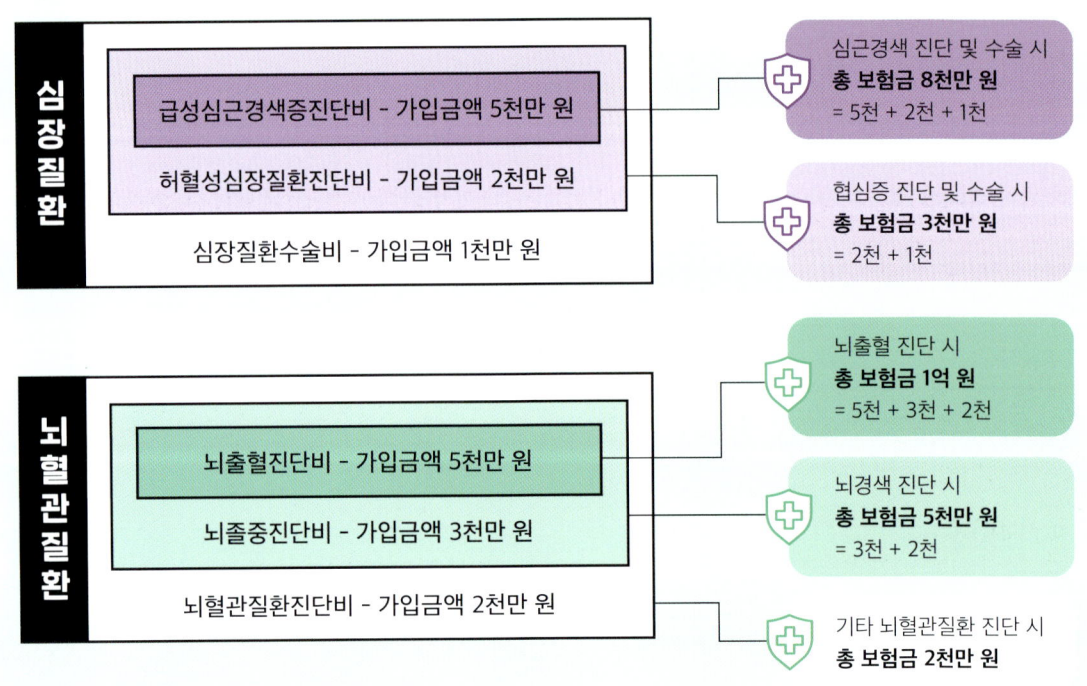

#혈관질환 위험도
#치료비에 비례한 보험금
#심장질환 복층설계
#뇌혈관질환 복층설계

뇌혈관질환, 허혈성심장질환진단비만 가입하면 문제없나요?

혈관은 좁아지고 막히는 순서로 문제가 심각해집니다. 좁아진 혈관은 약물치료나 간단한 수술 등으로 넓힐 수 있습니다. 반면 혈관이 막혀 근육이나 세포가 괴사하거나 출혈이 발생하면 큰 수술이 필요합니다. 따라서 혈관질환은 심각한 정도에 따라 더 위험하고 예후도 좋지 않습니다. 그리고 치료비가 많이 필요합니다.

하지만 기존 계약에서 급성심근경색증진단비나 뇌출혈진단비를 해지하고 허혈성심장질환진단비와 뇌혈관질환진단비만 가입하는 사례가 있습니다. 이 경우 치료비가 많이 필요한 질병에서 정작 충분한 보험금이 나오지 않아 문제가 발생합니다.

따라서 보장범위만 넓은 진단비를 선택할 것이 아니라 발생확률은 낮지만 위험도가 커 치료비 등이 많이 필요한 질병에서 더 큰 보험금이 나올 수 있도록 복층설계가 필요합니다. 복층설계는 보장범위가 좁은 진단비와 넓은 진단비를 동시에 설계하여 질병을 치료하기 위한 적정 보험금이 청구될 수 있도록 준비하는 중요한 전략입니다.

보장범위와 보험료의 관계 - 넓을수록 비싸짐

심장질환진단비 보장범위와 보험료	
보장범위	급성심근경색증 < 허혈성심장질환진단비
보험료	

뇌혈관질환진단비 보장범위와 보험료	
보장범위	뇌출혈 < 뇌졸중 < 뇌혈관질환진단비
보험료	

보장범위가 넓고 보험료가 비싼 진단비는 주춧돌
그 위에 보장범위가 좁고 보험료가 저렴한 진단비를 쌓는 복층설계

상호작용 시뮬레이션

뇌출혈 및 급성심근경색증진단비의 필요성을 모르는 상황

고객: 뇌출혈과 심근경색은 발병 확률이 낮다고 하셨죠?

설계사: 다른 뇌혈관 및 심장질환보다 낮아요.

고객: 발병률도 낮은데 뇌출혈이나 급성심근경색증진단비가 필요한가요?

설계사: 발병률은 낮지만 위험도가 높죠. 혈관이 좁아지는 것보다 막히는 것이 그리고 막힌 후 근육이나 세포 괴사가 더 위험해요.

고객: 발병률은 낮지만 더 위험하단 말이네요.

설계사: 또한 더 위험하면 예후도 좋지 않고 치료비도 많이 필요해요.

설계사: 뇌출혈과 심근경색도 발병 확률은 동일 부위 다른 질병보다 낮지만 발생했을 땐 굉장히 위험하죠. 그래서 보장범위가 좁은 것과 넓은 진단비를 동시에 설계했어요.

고객: 모든 것은 존재하는 이유가 있네요. 이렇게 준비하면 안심할 수 있겠네요.

설계사: 더 위험한 질병에서 더 많은 보험금이 나올 수 있도록 복층으로 설계했기 때문에 든든하죠.

혈관과 배관의 원리는 같아요

하수구에 이물질이 쌓여 물이 잘 내려가지 않으면 청소용 약품으로 쉽게 해결할 수 있습니다. 하지만 막히면 전문가를 불러 뚫어야 합니다. 그런데 만약 배관이 터지면 가장 심각한 상황이 벌어집니다. 화장실 바닥을 깨고 터진 배관을 교체한 후 다시 덮어야 하기에 수리 기간이 길고 수리비도 많이 듭니다.

손상된 혈관의 치료도 배관 수리와 유사합니다. 혈관이 좁아지는 것보다는 막히는 것이 그리고 막힌 혈관으로 인해 근육이나 세포가 괴사하거나 출혈이 발생하는 것이 더 심각합니다. 혈관 손상에 따른 증상이 심각할수록 예후도 나쁘고 치료비도 많이 필요합니다. **따라서 발병 확률만 놓고 뇌출혈이나 급성심근경색증진단비를 해지하는 것은 위험할 수 있습니다. 심각한 상황에서 충분한 보험금이 지급되지 않아 치료비 등이 부족할 수 있기 때문입니다.**

보험을 점검하고 리모델링을 할 때는 다양한 것을 고민하고 올바른 선택을 해야 큰 질병을 제대로 대비할 수 있습니다.

1. 질병보험은 실손만 가입하면 충분하지 않나요?

가족 중 질병 유병자가 있는데 보험이 필수인가요?

가족력을 따르는 특정 질병

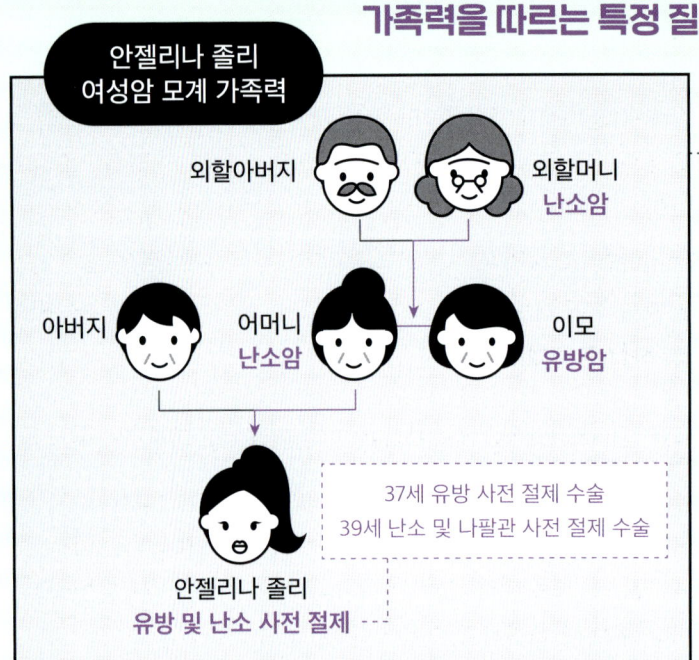

외할머니 41세 **난소암 사망**
어머니 56세 **난소암 사망**
이모 61세 **유방암 사망**

가족성 유방암, 난소암, 대장 선종증, 악성 흑색종 등 **일부 암은 변이 유전자를 가족력으로 공유**

가족력의 핵심은 식습관 등 생활습관의 공유

짜게 먹는 식습관의 공유가 끊어지고 해당 습관을 대물림 하지 않는다면
염분 섭취를 원인으로 하는 고혈압 발병 확률은 낮을 수 있음

인포그래픽으로 쉽게 풀어낸 보험상식

#가족력
#모계 여성암
#유전자의 대물림
#생활습관의 공유
#환경적 요인

가족 중 질병 유병자가 있는데 보험이 필수인가요?

의학적으로 가족력은 '3대에 걸친 직계 가족 혹은 사촌 이내에서 같은 질환을 앓은 환자가 2명 이상인 경우'로 정의됩니다. 헐리우드 스타 안젤리나 졸리의 사례가 가족력의 대표적 상징으로 알려져 있습니다. 그녀의 모계 가족력을 보면 3대에 걸쳐 3명이 난소암과 유방암으로 사망했습니다. 이 때문에 그녀는 유전자 검사를 통해 해당 암의 높은 위험도를 확인 후 암이 걸리지 않았는데도 유방 및 난소를 사전 절제했습니다.

하지만 가족력은 유전적 요인에 생활습관을 포함한 환경적 요인까지 통틀어 정의됩니다. 예를 들어 염분과다 섭취로 인한 고혈압은 해당 식습관에서 벗어나면 더 이상 세대를 걸쳐 공유되지 않을 가능성이 큽니다. 또한 화학 공장 주변 폐수 방류 등으로 인해 인근 거주 가족에게 암이 동시에 발병되는 것도 환경적 원인에 의한 가족력으로 볼 수 있습니다.

연구에 따르면 암의 발병 원인 중 유전적 요인은 특정암에만 국한됩니다. 그보다 환경적 요인의 영향이 6배 가량 큽니다. 또한 대다수의 암은 별다른 원인 없이 무작위 돌연변이 때문에 발생합니다. 이처럼 가족력이 있다면 해당 질병에 대한 보장을 강화하는 것이 중요하지만 가족력이 없더라도 충분한 보험에 가입해야 혹시 모를 질병을 대비할 수 있습니다.

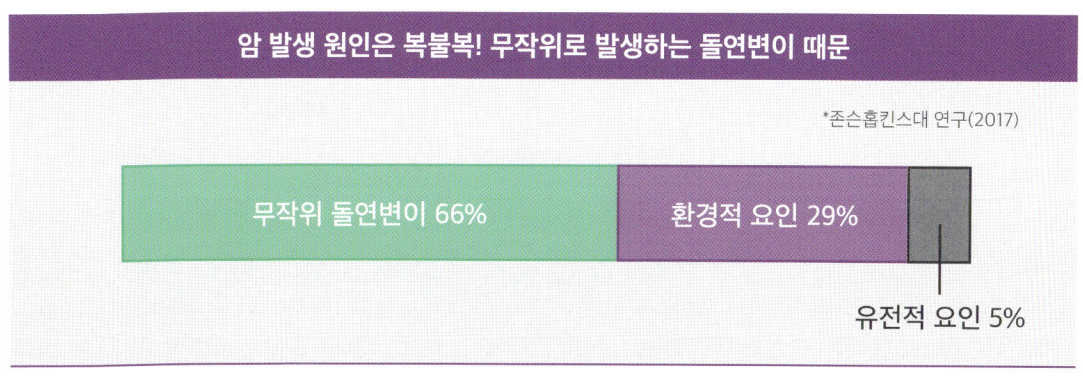

상호작용 시뮬레이션

환경적 요인으로 인한 질병 위험을 모르는 상황

고객: 저희 집은 암 환자가 한 명도 없어요.

설계사: 가족력이 없으면 정말 축복받은 일이죠.

고객: 그래서 보험의 필요성을 느끼지 못하겠어요.

설계사: 질병이 꼭 유전적인 영향으로 생기진 않아요.

설계사: 암만 봐도 유전적 영향은 적은데 환경적 요인이 더 크죠. 그리고 인과관계없이 걸리는 비율이 압도적으로 높아요.

고객: 환경적 요인은 어떤 의미인가요?

설계사: 스트레스를 많이 받거나 흡연과 잦은 음주 등을 하면 질병 발생 확률이 높아지겠죠.

설계사: 또한 대기 오염 물질이 배출되는 공장지대에 함께 거주한 가족은 폐암 발병 확률이 높아지죠.

고객: 윗세대에 암환자가 없다고 안심할 수 없네요.

설계사: 가족은 식습관과 생활습관 등 동일한 환경을 공유해요. 그래서 가족력은 단순히 유전자의 세대 간 대물림으로만 생각할 수 없어요.

질병은 유전적 요인보다 환경적 요인의 영향이 더 클 수 있어요

마트에 가면 다양한 품종의 채소나 과일을 살 수 있습니다. 이들의 품종은 유전적 요인이 절대적 영향을 미칩니다. 같은 씨앗을 심으면 동일한 품종을 수확할 수 있기 때문입니다. 하지만 아무리 좋은 품종도 환경적 요인에 따라 맛이 결정됩니다. 토양이 나쁘고 충분한 일조량이 없으면 좋은 맛을 낼 수 없습니다.

우리 몸도 유전적 요인보다는 환경적 요인의 영향을 더 많이 받습니다. 부모님께 좋은 유전자를 물려받아도 관리를 못하면 아픕니다. 암이란 질병만 봐도 유전적 요인보다는 나쁜 생활습관이나 거주지의 대기와 수질 등 환경적 요인의 영향을 더 크게 받습니다.

질병의 원인은 다양하고 불명확한 경우도 있기에 보험으로 미리 대비하는 것이 필요합니다. 가족력은 유전적 요인과 함께 환경적 요인을 포괄하는 개념입니다. 따라서 가족력이 없어도 개인의 잘못된 생활습관 등으로 질병에 걸릴 수 있기에 건강할 때 보험을 점검하고 관리하는 것이 필요합니다.

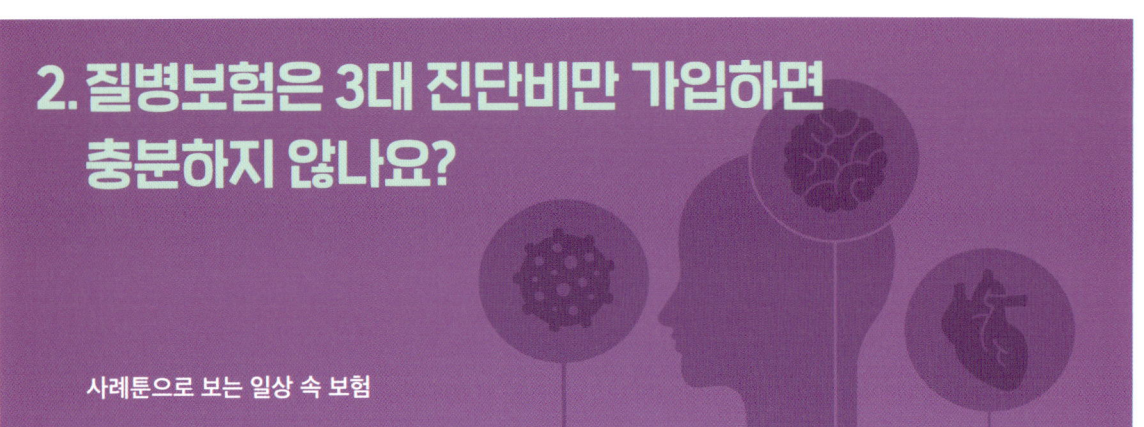

2. 질병보험은 3대 진단비만 가입하면 충분하지 않나요?

당뇨와 고혈압은 무서운 질환인가요?

만성질환은 중대질병의 위험률을 높임

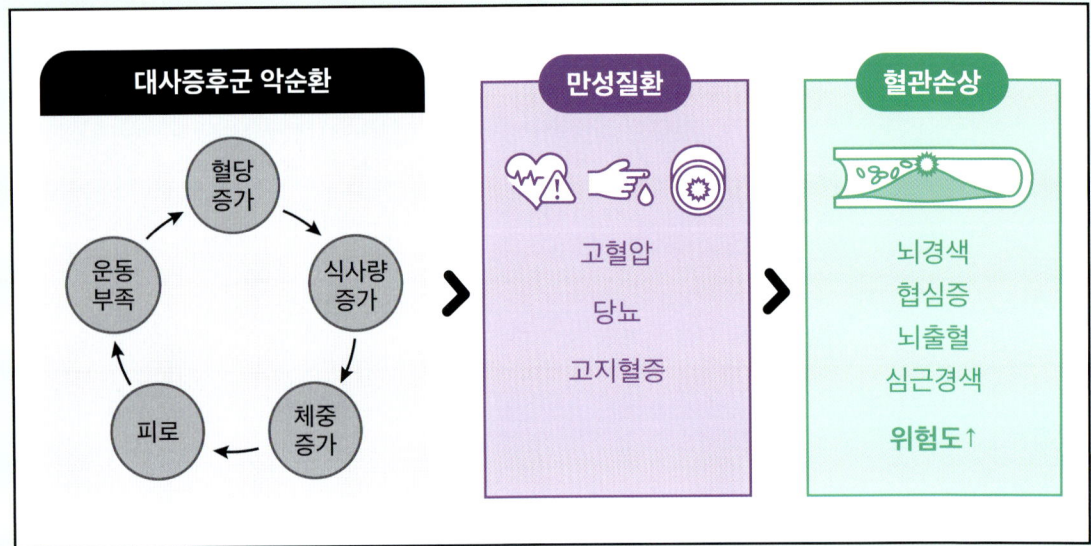

만성질환의 진짜 공포는 합병증

"고혈압, 고지혈증, 당뇨는 혈관을 손상시켜 온 몸을 파괴합니다."

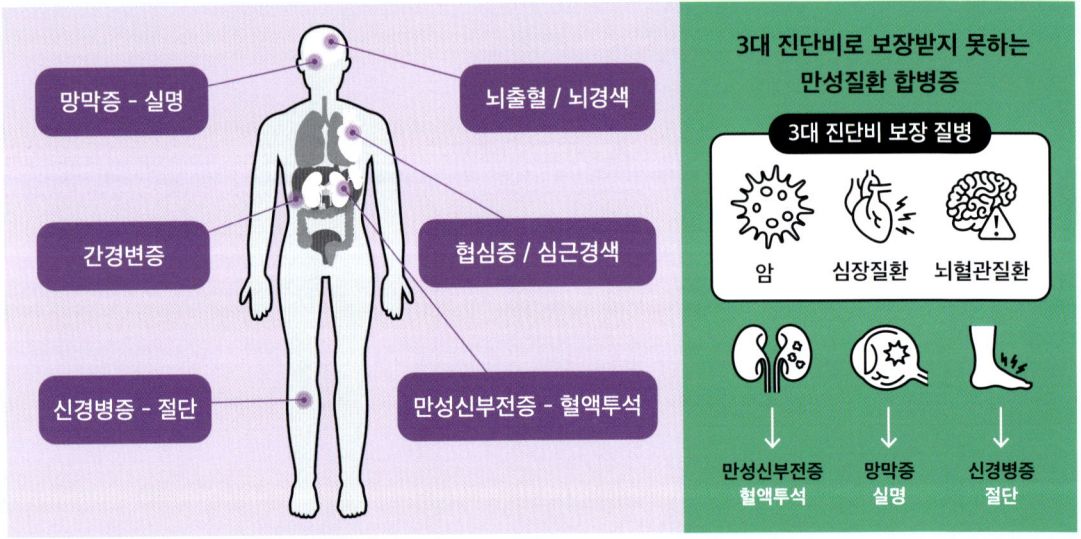

3대 진단비 이외 만성질환 합병증과 관련된 진단 약관 컨설팅
(당뇨병, 만성당뇨합병증, 간경변증, 말기신부전증진단비 등)

질병후유장해를 통한 다양한 만성질환 합병증 대비

#만성질환
#고혈압
#당뇨
#고지혈증
#중대질병 위험증가
#심각한 합병증

당뇨와 고혈압은 무서운 질환인가요?

고혈압, 당뇨, 고지혈증 등 만성질환이 무서운 첫 번째 이유는 혈관을 파괴시켜 뇌혈관 및 심혈관질환의 발병률을 높이기 때문입니다. 잘못된 생활습관으로 대사증후군의 악순환에 빠진 현대인은 쉽게 만성질환 진단을 받을 수 있습니다. 이는 중대질병의 위험도를 증가시킵니다.

만성질환이 무서운 두 번째 이유는 심각한 합병증을 일으키기 때문입니다. 고혈압 및 당뇨로 인한 망막증은 후천적 실명 원인 1위입니다. 만성신부전증으로 인한 혈액투석으로 고통받는 환자는 지속적으로 증가하고 있습니다.

하지만 많은 사람들이 암과 심장 및 뇌혈관질환만을 보장하는 3대 진단비에만 가입 중입니다. 이 때문에 만성신부전증으로 인한 혈액투석 등 만성질환의 합병증을 대비하지 못하는 경우가 많습니다. 이 때문에 3대 진단비 이외 진단 약관 및 질병후유장해 등을 준비하여 3대 진단비를 우회하는 질병에 대한 대비가 필요합니다.

고혈압, 고지혈증, 당뇨가 '성인병'으로 불리는 이유는 주로 40대 이후 진단되기 때문입니다. 하지만 최근 2~30대에서도 만성질환 유병자가 증가 중입니다. 젊은 만성질환이 위험한 이유는 오랜 유병 기간으로 중대질병 및 심각한 합병증 발생 확률이 높기 때문입니다. 따라서 2~30대도 정기적인 검진과 건강관리 그리고 적극적인 보험 가입이 필요합니다.

상호작용 시뮬레이션

만성질환의 다양한 합병증을 모르는 상황

고객: 암이랑 뇌 그리고 심장만 보장하면 충분하지 않나요?

 설계사: 암은 온몸에서 발생할 수 있어요. 그래서 제외하더라도 질병이 뇌와 심장에서만 발병하는 것은 아니죠.

고객: 다들 암보험이랑 뇌 그리고 심장만 가입하던데…

설계사: 70세 미만 한국인의 사망원인 1~3위가 암과 심장 그리고 뇌혈관질환인 것은 맞아요. 그런데 다른 질병으로도 사망에 이르죠. 특히 고혈압이나 당뇨 등 만성질환자가 늘어나 걱정돼요.

고객: 주변에도 당뇨나 고혈압 환자가 많은데 특별하게 아프지 않던데요.

 설계사: 몸을 서서히 망가트리죠. 만성질환은 혈관을 파괴해서 망막증으로 인한 실명이나 만성신부전증으로 인한 혈액투석 등 다양한 합병증의 원인이 돼요.

설계사: 물론 암이나 뇌출혈 같은 중대질병의 위험도 높아져요.

고객: 보험 가입할 때도 고민할 것이 많네요.

 설계사: 아픈 후에는 보험 가입이 힘들어요. 그래서 다양한 질병을 보장받도록 건강할 때 제대로 가입하는 것이 중요하죠.

차를 안전하고 오래 타기 위해서는 전체적인 점검이 필요해요

아무리 비싼 차도 점검을 게을리하면 고장 확률이 높아집니다. 특히 엔진은 차량 운행에서 매우 중요한 영역이라 집중해서 관리할 필요가 있습니다. 하지만 엔진오일만 주기적으로 교체하는 것만으로는 충분하지 않습니다. 브레이크 패드나 타이어 마모도 엔진만큼 차량 운행과 안전에 큰 영향을 주기 때문입니다.

보험에 가입하고 점검할 때도 3대 진단비가 중심입니다. 하지만 이것만 가지고는 다양한 질병을 제대로 대비할 수 없습니다. 특히 만성질환의 합병증은 건강을 심각하게 해치지만 3대 진단비만으로는 해결할 수 없습니다. **따라서 암이나 심장 및 뇌에서 발생할 수 있는 질병 이외 다양한 위험을 보장받을 수 있도록 미리 준비하는 것이 필요합니다.**

2. 질병보험은 3대 진단비만 가입하면 충분하지 않나요?

혈액투석을 대비하는 보험이 있나요?

만성신부전증으로 인한 혈액투석을 보장하는 주요 약관

보험 증권	
약관명	가입금액
말기신부전증진단비 특별약관	0000만 원
만성신장병을 원인으로 정기적인 혈액 또는 복막투석을 받는 경우 가입금액을 보험금으로 지급	
질병후유장해(3~100%)	0000만 원
장기이식을 하지 않고서는 생명유지가 불가능하여 혈액투석, 복막투석 등 의료처치를 평생토록 받아야 할 때 장해율 75% 인정 / 가입금액 X 75% = 보험금	

질병후유장해 특별약관

눈의 장해부터 신경계·정신행동 장해까지 신체 13개 부위에
질병으로 인한 장해율을 평가하여 보험금을 지급하는 약관

질병후유장해(3~100%) 1,000만 원 가입 / 가입금액 X 장해율 = 보험금	
눈의 장해 예시	
한 눈이 멀었을 때 장해율 50%	1,000만 원 X 50% = 보험금 500만 원
두 눈이 멀었을 때 장해율 100%	1,000만 원 X 100% = 보험금 1,000만 원

주요 인정 장해율 예시

당뇨망막증
· 두 눈 실명 : 100%
· 한 눈 실명 : 50%

· 뇌혈관질환으로 인한 신체 마비 : 10~100%
· 치매 : 40~100%

· 심장이식 : 100%

· 신장투석 : 75%

· 위암으로 위 전부 절제 : 50%
· 대장암으로 대장 전부 절제 : 50%
· 난소암으로 양쪽 난소 절제 : 50%
· 고환암으로 양쪽 고환 절제 : 50%

당뇨족부질환
· 두 다리 발목 이상 상실 : 100%
· 한 다리 발목 이상 상실 : 60%

인포그래픽으로 쉽게 풀어낸 보험상식

#만성신부전증
#혈액투석
#말기신부전증진비
#질병후유장해
#장해율

인공신장투석실이 많아지는데 혈액투석을 대비하는 보험이 있나요?

최근 번화가가 아닌 동네 골목에서도 인공신장투석실을 쉽게 찾을 수 있습니다. 만성질환으로 인한 신부전증으로 혈액투석을 받는 사람이 많아졌기 때문입니다. 그런데 많은 사람들이 가입 중인 3대 진단비로는 고통스럽고 신장이식까지 오랜 시간 버텨야 하는 혈액투석을 보장하지 못합니다.

만성신부전증으로 인한 혈액투석을 보장하는 주요 약관에는 '말기신부전증진단비'와 '질병후유장해'가 있습니다. 말기신부전증진단비는 생명보험사 CI(Critical Illness) 보험의 세부 특약에 있는 보장으로 손해보험사의 통합형 상품에 개별 특약으로도 가입할 수 있습니다. 현재는 생명보험사에서도 GI(General Illness)보험이나 주계약에 포함된 경우가 존재합니다.

질병후유장해도 혈액투석을 보장합니다. 질병후유장해는 약관 뒷부분의 별표 중 '장해분류표'를 기준으로 질병으로 인해 13개 신체부위에 발생한 장해율을 기준으로 보험금을 지급합니다. 대표적인 약관이 3~100% 장해를 인정하는 약관이며 50%이상 80%이상 등의 약관을 운용 중인 상품도 많습니다. 만성신부전증으로 인해 혈액투석을 받을 경우 장해율은 75%가 인정됩니다.

질병후유장해 합산장해 인정

합산장해 인정 예시 - 당뇨합병증으로 혈액투석 및 망막증으로 인한 시야장해 발생	
흉복부 장기 및 비뇨생식기의 장해	눈의 장해
혈액투석을 평생토록 받아야 할 때	한 눈에 뚜렷한 시야장해를 남긴 때
장해율 75% 인정	장해율 5% 인정
장해율 합산 75% + 5% = 80%	

질병후유장해 약관의 세부항 중 '보험금 지급에 관한 세부규정'을 살펴보면 '같은 질병으로 두 가지 이상의 후유장해가 생긴 경우에는 후유장해 지급률을 합산하여 지급합니다'라는 문구가 존재합니다. 이 때문에 같은 질병으로 다른 신체 부위에 여러 후유장해가 발생 시 각각의 장해율을 합산하여 평가받을 수 있습니다.

상호작용 시뮬레이션

질병후유장해의 필요성을 모르는 상황

'아플 때 다 해결할 수 있다'고 들었는데 좋은 보험 맞죠?

 암과 뇌혈관질환 등 진단비와 수술비 등은 매우 잘 가입되었네요.

그럼 충분하죠? 더 필요한 것이 있을까요?

 최근 인공신장투석실 간판 많이 보셨죠?

봤어요. 저희 아파트 앞에도 생겼더라고요.

 고혈압과 당뇨 유병자가 증가하고 그 합병증으로 만성신부전증 환자도 급증하고 있어서 그래요. 가입하신 보험은 혈액투석을 보장하지 못해요.

어머... 그럼 안 좋은 보험이네요. 어떻게 해야 하나요?

진단과 수술 영역은 잘 가입되어 있으니 좋은 보험이죠.

다만 진단 이후 발생할 수 있는 다양한 상황이나 만성질환 합병증을 대비할 수 없기 때문에 '질병후유장해'의 추가적인 가입을 고민하는 것이 좋겠어요.

공기청정기는 이제 선택이 아닌 필수

30년 전 신혼부부라면 혼수를 준비할 때 가전제품 목록에 TV, 냉장고, 세탁기 등만 준비하면 충분했습니다. 하지만 최근에는 건조기, 식기세척기, 의류관리기 등도 필수라고 생각합니다.

그런데 건조기나 식기세척기는 있으면 편리하지만 없어도 건강에 큰 문제가 생기진 않습니다. 반면 공기청정기는 미세먼지나 바이러스로 인해 없으면 호흡기 건강을 지킬 수 없는 필수품입니다.

보험도 과거에는 '암과 심장 및 뇌혈관질환만 보장하면 충분하다'고 생각했습니다. 따라서 3대 진단비와 관련 수술비를 중심으로 가입했습니다. 그런데 2018년 건강보험심사평가원의 발표에 따르면 혈액투석 환자가 4년간 23%나 증가했고 진료비는 2조 6천억 원이 넘어 45.5%가 급증했습니다. 이런 이유로 이제 3대 진단비는 기본이고 만성신부전증으로 인한 혈액투석을 대비하는 질병후유장해도 필수인 시대가 되었습니다.

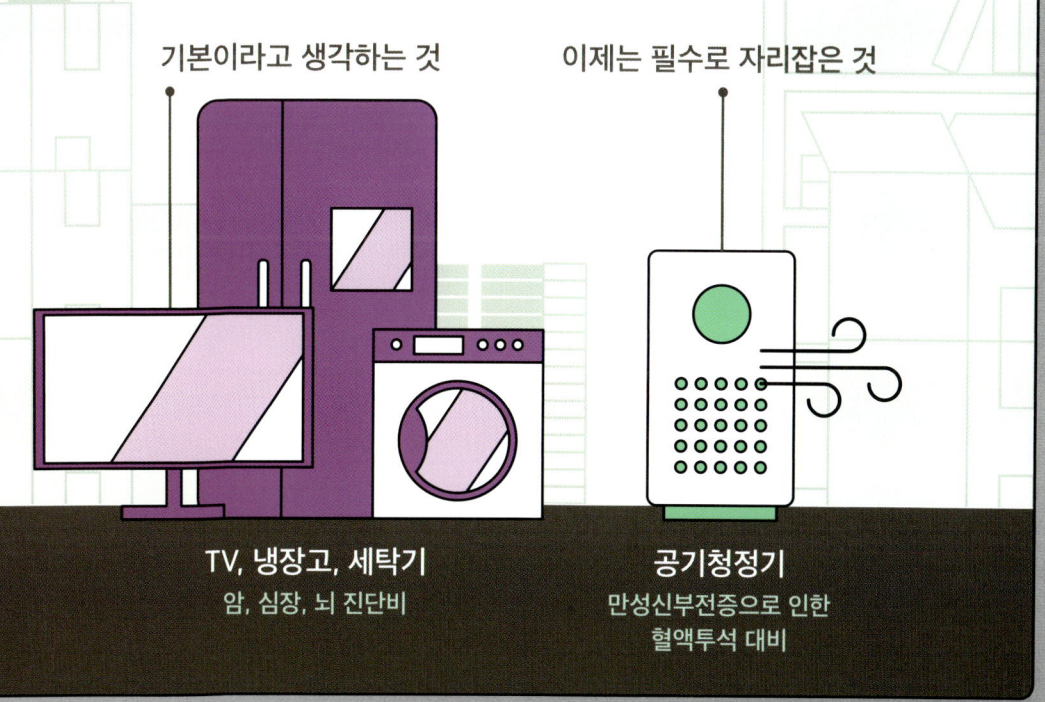

기본이라고 생각하는 것 — TV, 냉장고, 세탁기 / 암, 심장, 뇌 진단비

이제는 필수로 자리잡은 것 — 공기청정기 / 만성신부전증으로 인한 혈액투석 대비

2. 질병보험은 3대 진단비만 가입하면 충분하지 않나요?

뇌혈관질환으로 신체마비가 왔을 땐 어디서 보험금이 나오나요?

뇌혈관질환 후유증으로 인한 신체마비도 대비

장기요양지원(급여)금 특별약관

"국가 공보험인 노인장기요양보험의 수급권자가 되어 장기요양등급을 받고 가입 중인 장기요양지원(급여)금 약관이 해당 요양등급을 인정하면 추가적인 보험금 청구 가능"

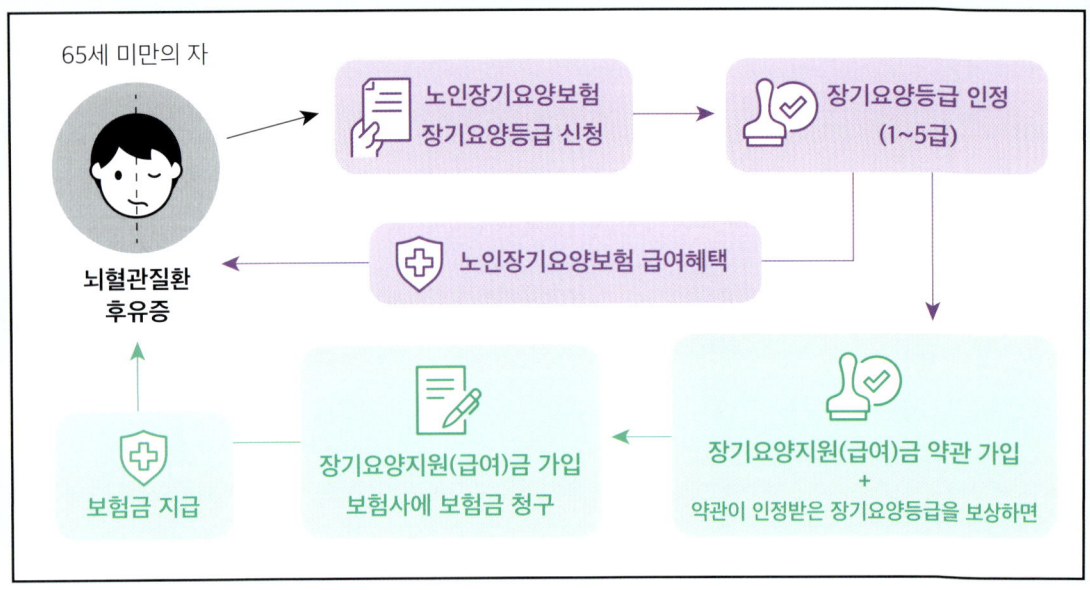

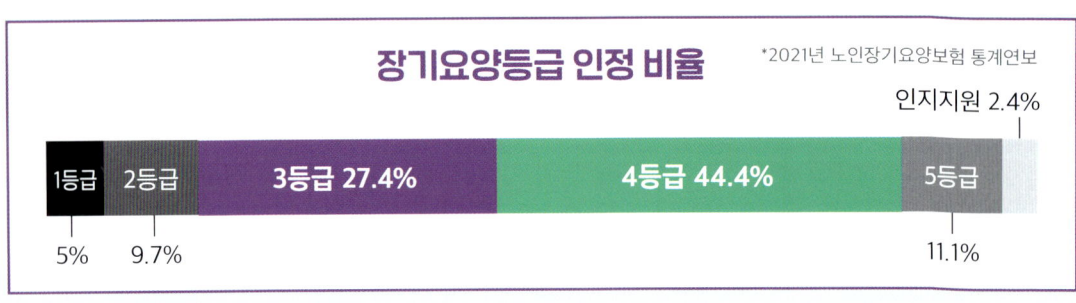

인포그래픽으로 쉽게 풀어낸 보험상식

#뇌혈관질환 후유증
#신체마비
#노인장기요양보험
#장기요양지원(급여)금
#공보험과 민간보험

뇌혈관질환으로 신체마비가 왔을 땐 어디서 보험금이 나오나요?

뇌출혈이나 뇌경색 등 뇌혈관질환이 무서운 이유는 진단 후 발생할 수 있는 신체마비 때문입니다. 신체 운동 기능을 통제하는 뇌가 질병으로 손상되면 언어장애, 편마비, 전신마비, 식물인간 등 심각한 후유증을 남길 수 있습니다.

이 때문에 긴 간병 기간이 필요한 신체마비를 대비하기 위해서는 뇌혈관질환진단비 이외 장기요양지원(급여)금에 대한 준비가 필요합니다. 해당 약관은 국가 공보험인 노인장기요양보험에서 장기요양등급(1~5급, 인지지원등급)을 받으면 추가적인 보험금을 청구할 수 있습니다. 단, 국가로부터 인정받은 장기요양등급을 가입 약관이 인정해야 보험금 청구가 가능합니다. 예를 들어 장기요양등급을 4등급 받았는데 가입 중인 약관이 1~3등급만 보장하면 보험금을 지급하지 않습니다.

공보험인 노인장기요양보험은 피보험자의 법정 만 연령이 '65세 이상이냐 미만이냐'에 따라 보장범위가 달라집니다. 피보험자가 65세 이상일 경우 어떤 질병이나 상해로도 장기요양등급을 신청하고 받을 수 있지만 65세 미만의 자는 24가지 노인성질병일 경우에만 신청할 수 있습니다. 노인성질병의 대표적 예는 치매와 뇌혈관질환의 후유증입니다.

* 2023년 1월 1일부터 <노인장기요양보험법 시행령>이 일부 개정되었습니다. 이에 따라 노인성질병은 기존 21개에서 루게릭병, 다발성경화증 등 3개 질병(질병코드 기준 G12, G13, G35)이 추가되어 총 24개로 늘어났습니다.

* 법령 개정 전 체결된 계약도 약관의 '장기요양상태를 판정하는 시점의 법령에 따른 기준을 적용한다'는 문구에 따라 24가지 노인성질병으로 확대 적용됩니다.

뇌혈관질환의 후유증으로 신체마비 시 '질병후유장해'도 청구 가능

장해분류표 '신경계·정신행동 장해'에서는 뇌혈관질환의 후유증으로 '신경계에 장해가 남아 일상생활 기본동작에 제한을 남긴 때' 10~100%의 장해율을 인정합니다. 이 경우 세부 평가 기준으로 일상을 살아가는데 있어 반드시 필요한 5개 기본동작(이동동작, 음식물섭취, 배변/배뇨, 목욕, 옷입고 벗기)의 제한 정도는 평가하는 일상생활기본동작 제한 장해평가표를 사용합니다. 5개 기본동작의 제한 정도에 따른 장해율 중 10% 미만인 경우는 제외하고 5개 항목마다 인정되는 장해율을 합산하여 질병후유장해 10~100%를 인정받을 수 있습니다.

상호작용 시뮬레이션

뇌혈관질환 진단 이후 신체마비의 심각성을 모르는 상황

고객: 뇌출혈진단비만 가입하고 있었는데, 얼마 전 뇌혈관질환진단비도 추가했어요.

설계사: 잘하셨네요. 관련 수술비도 챙기셨죠?

고객: 수술비까지 잘 가입했죠. 이제 충분하겠죠?

설계사: 그런데 뇌출혈이나 뇌경색으로 쓰러진 이후를 생각해보셨나요?

고객: 진단비와 수술비를 청구해서 치료받으면 문제없지 않나요?

설계사: 수술받고 예전처럼 회복하면 정말 다행이죠.

설계사: 그런데 뇌는 신체의 모든 움직임을 담당하는 중요한 기관이에요. 그래서 손상이 심각하면 신체마비가 와요. 뇌출혈 등으로 쓰러진 후 거동이 불편한 분들이 많은 이유죠.

고객: 그런 문제는 어떻게 대비해야 하나요?

설계사: 몸이 아프기 시작하면 이전으로 돌아가기 힘들고 그래서 진단 이후 상황에 대한 충분한 준비가 필요해요.

설계사: 아프면 보험 가입도 힘들어지니 미리 든든하게 준비하는 것이 좋아요.

임신성 당뇨병은 예방과 대비가 중요해요

임신성 당뇨병 때문에 혈당 조절이 되지 않으면 태아에게 좋지 않은 영향을 끼쳐 거대아, 신생아 저혈당, 난산 등이 발생할 수 있습니다. 또한 임신성 당뇨병이 있었던 산모 대다수가 출산 후 시간이 지나면 당뇨병 진단을 받습니다. 따라서 임신 후 급격한 체중 증가를 피해 예방을 하고 태아보험 가입 시 산모의 보험까지 미리 점검하는 것이 필요합니다.

뇌혈관질환도 건강관리를 통한 예방이 중요합니다. 하지만 질병은 언제 찾아올지 모르기 때문에 미리 진단과 함께 신체마비까지 대비해야 합니다. 2018년 국립재활원은 뇌졸중 진단을 받은 5만 명을 추적 관찰한 결과를 발표합니다. 10년 내 약 45%가 사망하고, 30%는 간병비로 소득계층이 하락했으며, 28%는 신체마비 등으로 장애인등록을 했습니다.

이처럼 뇌혈관질환은 진단에 대한 준비도 중요하지만 이후 신체마비까지 보험으로 대비해야 안심할 수 있습니다.

2. 질병보험은 3대 진단비만 가입하면 충분하지 않나요?
간병살인까지 발생하는 치매가 걱정일 땐 어떻게 해야 하나요?

치매'만' 보장하는 CDR 약관

치매보험이라 불리는 대다수의 보험은 **CDR척도를 기준**으로 보험금 지급여부를 판단

CDR척도(Clinical Dementia Rating scale)란?
치매관련 전문의가 실시하는 전반적인 인지기능 및 사회기능 정도를 측정하는 검사
전체 점수구성은 0, 0.5, 1, 2, 3, 4, 5로 되어 있으며, 점수가 높을수록 중증

점수		증상
0	정상	-
0.5	불확실	경미한 건망증 지속
1	경증	최근 사건에 대한 기억장애로 일상생활 지장
2	중증도	새로운 기억을 빠르게 소실, 고도의 숙련된 기억만 유지
3	중증	단편적 기억만 보유
4	심각	단편적 기억마저 상실
5	말기	의미 있는 기억력이 없음

치매'도' 보장하는 장기요양지원(급여)금 약관

노인장기요양보험 장기요양등급으로 보험금 지급여부를 판단하는 약관

치매를 포함한 24가지 노인성질병으로 인한 장기간병 — **만 65세 미만** / **만 65세 이상** — 모든 장기간병 상태를 보장

(장기요양등급 인정 시)

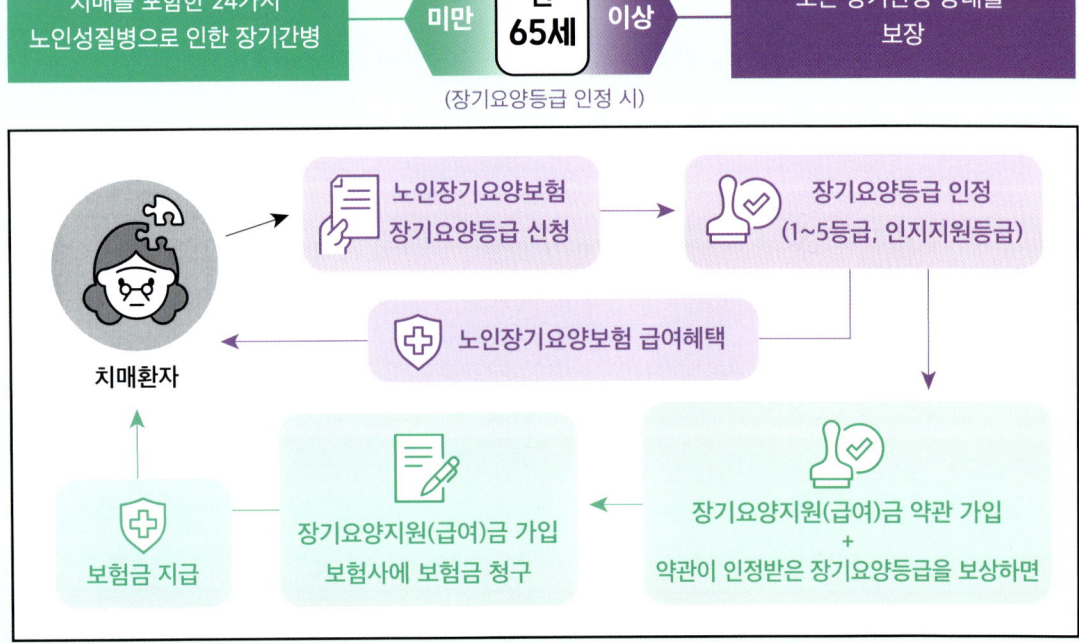

인포그래픽으로 쉽게 풀어낸 보험상식

#간병살인
#치매'만' 보장
#CDR약관
#치매'도' 보장
#장기요양지원(급여)금

간병살인까지 발생하는 치매가 걱정일 땐 어떻게 해야 하나요?

가족이 피해자이자 가해자가 되는 비극인 '간병살인'의 발생원인 질병 중 50% 이상이 치매입니다. '암보다 더 무섭다'는 말처럼 치매는 온 가족에게 고통을 줍니다. 대한민국 65세 이상 노인 10명 중 1명이 치매환자이기에 대비가 필요합니다.

치매를 보장하는 첫 번째 약관은 치매'만' 보장하는 CDR 약관입니다. CDR척도 점수를 기준으로 보험금 지급을 판단합니다. 따라서 가입 중이거나 설계하는 약관이 CDR 점수를 얼마까지 보장하는지가 중요합니다.

치매를 보장하는 두 번째 약관은 치매'도' 보장하는 장기요양지원(급여)금 약관입니다. 치매로 노인장기요양보험의 장기요양등급을 받고 해당 약관이 이를 보장하면 보험금 청구가 가능합니다. 많은 사람들이 장기요양지원(급여)금을 치매만 보장되는 약관으로 오해하지만 만 65세 이상자는 장기요양등급만 받으면 치매를 포함 상해까지 모든 노후 장기간병을 보장할 수 있습니다.

치매까지 보장하는 '질병후유장해' - CDR척도 점수 기준 장해율 평가 (40~100%)

신경계·정신행동 장해	
장해의 분류	지급률
극심한 치매 : CDR척도 5점	100%
심한 치매 : CDR척도 4점	80%
뚜렷한 치매 : CDR척도 3점	60%
약간의 치매 : CDR척도 2점	40%

상호작용 시뮬레이션

부모님 간병 문제를 생각하지 못한 상황

고객: 치매보험을 알아보는 친구가 있더라고요. 아직 젊은데 치매보험이 필요할까요?

 설계사: 친구가 본인 치매보험에 대해 알아본 것인가요?

고객: 자기애가 강한 친구라 평소 보험도 좋아해요. 본인 보험 아닐까요?

 설계사: 부모님의 치매보험을 알아봤을 수도 있겠네요. 부모님이 치매에 걸리면 누가 간병해야 할까요?

고객: 아직 생각하지 못했는데... 전 외동이라 질문을 받고 보니 고민이네요.

 설계사: 젊은 분들이 치매보험에 관심이 없는 것은 당연해요. 그런데 고령화 사회에서 부모님의 간병은 본인의 문제라 치매와 이를 대비하는 보험에 대한 관심이 필요해요.

고객: 실제 부모님 치매보험 등을 문의하는 경우가 많나요?

 설계사: 부모님 세대는 형제가 많아서 간병 문제도 걱정이 덜했죠.

그런데 최근에는 외동이거나 형제가 적어 부모님의 노후와 건강에 대해 관심을 가지는 젊은 고객들이 많아졌어요.

고령화 사회에서 장례보단 간병 문제가 더 심각해요

젊은 사람들이 상조 상품에 가입하는 이유는 부모의 장례를 대비하기 위한 목적입니다. 과거처럼 형제가 많지 않기 때문에 부모의 사후를 챙기는 일이 부담됩니다. 따라서 상조 상품의 가입률이 높습니다.

그런데 부모의 장례는 준비하면서 사망 전 긴 간병에 대한 대비는 놓치는 경우가 많습니다. 긴 간병으로 인한 스트레스를 참지 못하고 우발적으로 가족이 가족을 살해하는 비극인 '간병살인'은 고령화 사회의 아픈 단면이자 노후 간병에 대한 무관심의 결과입니다. 따라서 간병 문제로 인한 가족 간 불화를 막고 경제적 부담을 덜기 위한 준비가 필요합니다.

부모의 죽음이 걱정되어 상조 상품에 가입하는 것처럼 자녀가 부모의 치매보험 등 노후 간병과 관련된 준비를 점검하는 일은 가족 모두를 위해 매우 중요합니다.

2. 질병보험은 3대 진단비만 가입하면 충분하지 않나요?

사망보험금 꼭 가입해야 하나요?

한국인은 어떤 이유로 사망할까요?

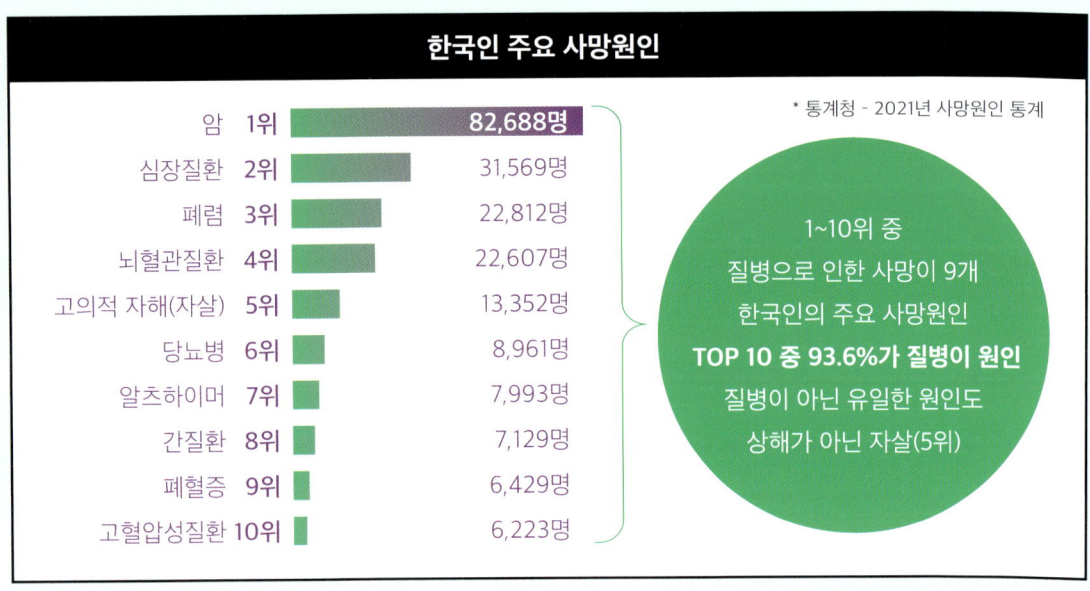

한국인 주요 사망원인

* 통계청 - 2021년 사망원인 통계

순위	사망원인	사망자 수
1위	암	82,688명
2위	심장질환	31,569명
3위	폐렴	22,812명
4위	뇌혈관질환	22,607명
5위	고의적 자해(자살)	13,352명
6위	당뇨병	8,961명
7위	알츠하이머	7,993명
8위	간질환	7,129명
9위	폐혈증	6,429명
10위	고혈압성질환	6,223명

1~10위 중 질병으로 인한 사망이 9개 한국인의 주요 사망원인 **TOP 10 중 93.6%가 질병이 원인** 질병이 아닌 유일한 원인도 상해가 아닌 자살(5위)

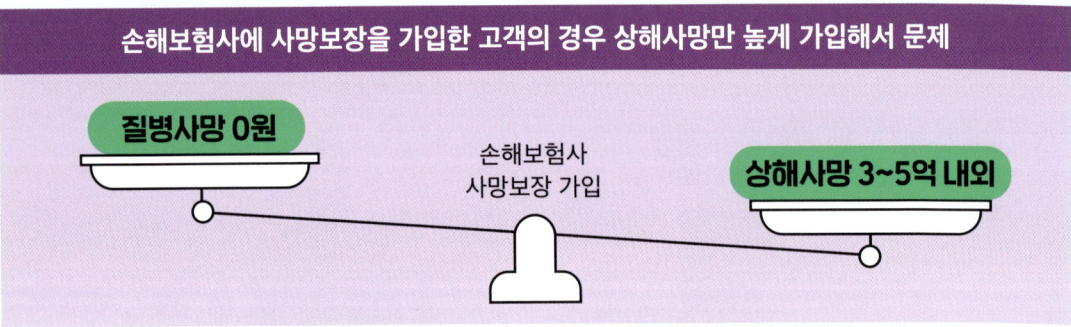

손해보험사에 사망보장을 가입한 고객의 경우 상해사망만 높게 가입해서 문제

질병사망 0원 — 손해보험사 사망보장 가입 — 상해사망 3~5억 내외

한국인의 사망원인 1위 암진단비를 설계하기 위해 사망 연계비를 '상해사망'으로 맞추는 이상한 현실
*사망 연계비란? - 3대 진단비 등을 가입하기 위해 일정 금액 이상의 사망보장을 가입해야 하는 조건

생명보험사에 사망보장을 가입한 고객의 경우 보험금 액수가 적어서 문제

대형 생명보험사 10년 간 1인 당 평균 사망보험금 지급액 (2019년, 삼성생명)

- 한국: 2,995만 원
- 미국: 약 1억 9,000만 원
- 일본: 약 2억 4,000만 원

#한국인의 사망원인
#질병으로 인한 사망
#상해사망만 가입
#부족한 사망보험금

사망보험금 꼭 가입해야 하나요?

사망은 모두에게 공평합니다. 누구나 죽기 때문입니다. 하지만 누군가는 평균 수명을 넘겨서 죽고 또 다른 누군가는 평균 수명의 절반도 못 살았는데 사망합니다. 조기 사망은 남겨진 가족에게 큰 슬픔이자 경제적으로 재난적 상황을 만들 수 있습니다. 이 때문에 보험으로 조기 사망을 준비하는 것은 매우 중요합니다.

그리고 사망의 원인도 살펴야 합니다. 한국인의 사망원인 1~10위를 살펴보면 5위인 자살을 제외하면 모두가 질병으로 인한 사망입니다. 따라서 가입 중인 보험의 사망 보장범위를 확인해야 합니다.

손해보험사에 가입한 경우 상해사망만 높게 가입하고 질병사망은 0원인 증권이 많습니다. 질병사망의 보험료가 비싸다는 이유로 사망연계비를 상해사망으로 맞추기 때문입니다. 한국인의 사망원인 1위인 암진단비를 가입시키기 위해 상해사망을 설계하는 아이러니가 발생합니다.

생명보험사에 가입한 경우 사망보장 범위가 가장 넓은 일반사망을 종신보험의 주계약으로 가입합니다. 하지만 보험료가 비싸 가입금액이 낮은 문제가 발생합니다. 해외 선진국의 사례와 비교해봐도 평균 사망보험금이 턱없이 낮아 남겨진 가족에게 큰 도움을 줄 수 없는 상황입니다.

손해보험사는 질병사망을 높이고 생명보험사는 정기보험을 활용

손해보험사에 가입할 경우 상해사망뿐만 아니라 질병사망도 함께 가입하고 가입금액도 적정 수준으로 높여야 합니다. 생명보험사의 경우 주력 상품인 종신보험 주계약의 가입금액을 높이기에는 보험료 부담이 큽니다. 이 때 정기보험을 보완하면 막내자녀의 독립 등 사망 보장이 많이 필요한 시기까지 높은 사망보험금을 보장받고 보험료 효율을 높일 수 있습니다.

상호작용 시뮬레이션

사망보험금이 부족한 상황

고객: 지난번 자녀보험 도움 감사드려요. 아내도 상당히 만족하네요.

설계사: 임신 확인 후 바로 연락이 되어 태아형 필수 담보를 잘 설계할 수 있었어요. 늦으면 인수가 안 되는 것도 있거든요.

고객: 이제 곧 아빠인데 더 필요한 보험이 있을까요?

설계사: 사망보장을 더 준비하는 것이 좋지 않을까요?

고객: 아무래도 아빠가 되니 책임감이 더 생기네요. 그런데 저의 사망보장이 부족한가요?

설계사: 종신보험에 가입 중인데 사망보험금이 3,000만 원이라 부족하다고 판단돼요.

고객: 다른 보험도 많은데 거긴 사망보장이 없나요?

설계사: 상해사망만 많이 가입되었어요. 통계를 봐도 대부분의 사망원인은 질병이거든요.

설계사: 이 상태면 사망보장이 한쪽으로 치우친 것이죠. 질병사망이나 정기보험 등으로 부족한 부분을 보완하면 좋겠어요.

무엇이든 한쪽으로 치우치지 않는 것이 좋아요

식물을 관리하지 못하는 사람도 거친 환경에서 잘 자라는 선인장은 '쉽게 키울 수 있다'고 생각합니다. 하지만 선인장도 물을 줘야 합니다. 너무 많이 주면 뿌리가 썩고, 적으면 말라 죽습니다. 어떤 식물이든 그 특성에 맞게 알맞은 물주기가 필요합니다.

사망보장도 물주기처럼 한쪽으로 치우치지 않아야 합니다. 만약 책임져야 할 가족이 있는 가장이 상해사망만 가입한 채 질병을 원인으로 사망하면 보험금이 전혀 지급되지 않아 문제가 생깁니다. 또한 종신보험에 포함된 적은 사망보험금만 믿으면 남겨진 가족의 고통이 커집니다. 그리고 사망보험금을 너무 많이 가입해도 보험료가 부담스러워 유지가 어렵습니다.

사망보장은 어떤 원인으로 죽든 남겨질 소중한 사람에게 적정한 보험금이 나올 수 있고 보험료도 적당하게 가입하는 것이 중요합니다.

3. 자동차보험은 다이렉트가 좋지 않나요?

사례툰으로 보는 일상 속 보험

3. 자동차보험은 다이렉트가 좋지 않나요?
자동차보험은 저렴한 것이 최고 아닌가요?

자동차보험 가격보다는 보장이 핵심

고보장 자동차보험 증권 예시

교통사고 처리를 위한 선택	
대인배상1	의무가입
대인배상2	무한(∞)
대물배상	10억
자동차상해	사망 및 후유장애 / 부상 - 최고가입금액
자기차량손해	가입
무보험자동차에 의한 상해	5억

자동차보험을 사용할 수 있는 운전자 범위	
관계한정특약	부부 / 가족 / 기명피보험자 1인 한정 등
연령한정특약	만 25세, 30세, 35세 이상 / 52세 이하 등

자동차보험의 보험금 지급방식은 '한도 내 실손 보상'
최고 가입금액으로 가입해도 한도를 늘리는 것이기에 보험료 차이는 적음
예) 대물배상 1억과 10억 연간보험료 차이는 1만 원 내외

배상이란 단어가 있으면 '타인' 없으면 '본인과 가족'

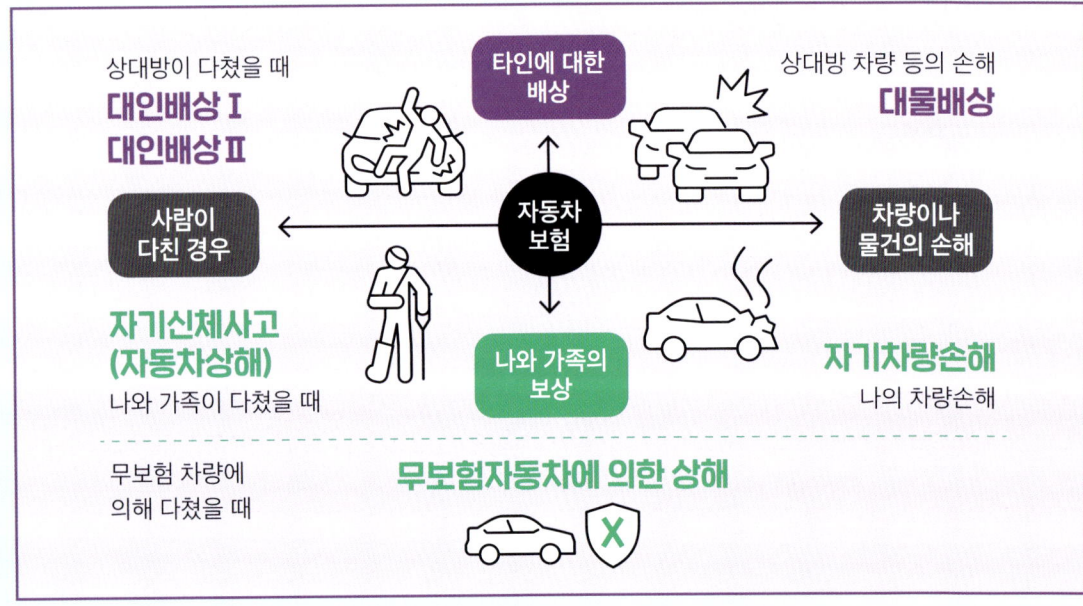

인포그래픽으로 쉽게 풀어낸 보험상식

#자동차보험
#가격보다는 보장
#기명피보험자
#관계 및 연령한정

자동차보험은 저렴한 것이 최고 아닌가요?

자동차보험은 모든 자동차소유자에게 책임보험(대인배상1 + 대물배상 2,000만 원) 가입을 강제하는 의무보험입니다. 책임보험은 최소한의 배상만 가능하기에 사고처리를 위해서는 제대로 된 설계가 필요합니다. 많은 사람들이 비교견적을 통해 저렴한 자동차보험을 찾지만 가격보다 중요한 것은 보장입니다. 잘못된 자동차보험은 가입자를 전과자로 만들거나 수억의 빚더미에 앉힐 수 있기 때문입니다. 따라서 가족이 모두 사용하는 자동차보험에는 안전한 고보장 설계가 필요합니다.

자동차보험은 사고 발생 시 교통사고의 다양한 피해를 처리하는 6개의 약관을 먼저 살펴야 합니다. 이 중 '배상'이란 단어가 존재하면 보험금의 방향이 타인에게, 없으면 본인과 가족에게 지급됩니다. 설계 시 대인배상2 및 자기차량 손해 가입, 대물배상 및 무보험자동차에 의한 상해 최고 가입금액 설계, 자기신체사고가 아닌 자동차상해 선택 및 최고 가입금액 설계가 핵심입니다. 선택한 손해보험사에 따라 인수 가능한 최고 가입금액은 다를 수 있습니다.

범위에 맞는 운전자만 사고처리 가능

1. 관계한정특약

증권 피보험자란에 이름이 적혀 있는 **기명피보험자와의 관계를 통해 운전자 범위를 정함**

| 기명피보험자 | 배우자 | 기명피보험자의 부모 | 자녀 및 자녀의 배우자 | 배우자의 부모 |

기명피보험자 1인 한정 → 부부한정 → 가족한정

2. 연령한정특약

사고 당시일 기준 운전자의 법정 만 연령으로 운전자 범위를 정함

관계한정 + 연령한정 가입 시 두 조건을 모두 만족시키는 운전자만 자동차보험을 사용할 수 있습니다. 하나라도 위반 시 대인배상1을 제외한 모든 약관을 사용할 수 없어 사고를 제대로 처리하지 못합니다.

상호작용 시뮬레이션
다이렉트 가입을 원하는 상황

설계사: 다음 달이 자동차보험 갱신인데 알고 계시죠?

고객: 남편이 이번에는 다이렉트로 직접 가입하자고 해서 고민하고 있어요.

설계사: 다이렉트로 가입해도 고보장으로 가입하는 것이 안전해요.

고객: 고보장이요? 그럼 보험료가 엄청 비싸죠?

설계사: 안 그래요. 다이렉트도 설계를 변경할 수 있는데 고보장과 저보장의 보험료를 비교해보세요. 큰 차이 없어요.

고객: 매번 도움 감사드려요.

설계사: 자동차보험은 자녀가 함께 쓰는 보험이라 안전한 가입이 중요하니 다이렉트에서도 꼭 고보장으로 가입하세요.

가족의 안전은 양보할 수 없어요

차를 구매할 때 기본 사양에 옵션을 선택할 수 있습니다. 파노라마 선루프나 가죽시트 그리고 여러 편의 사항을 놓고 무엇을 고를지 추가 비용을 고려하며 고민합니다. 그런데 파노라마 선루프가 없어도 위험한 것은 아닙니다. 하지만 안전과 직결된 옵션은 비싸더라도 추가하는 것이 좋습니다. 차는 배우자나 자녀 등 가족이 함께 타기 때문입니다.

자동차보험에 가입할 때도 양보할 수 없는 것이 있습니다. 책임보험만 가입하거나 저보장을 선택하면 가족의 안전을 제대로 지킬 수 없습니다. 특히 자녀가 있다면 고보장으로 가입하는 것은 필수입니다. 만약 저보장과 고보장의 보험료 차이가 크다면 고민스러울 수 있습니다. 하지만 둘의 연간 보험료 차이는 크지 않습니다.

다이렉트로 가입하더라도 고보장 설계를 선택할 수 있습니다. 적은 보험료 차이 때문에 가족의 안전을 포기해서는 안 됩니다.

누구나 선택 — 기본 옵션 / 책임보험

안전을 위한 추가 — 차선이탈 경보 시스템, 뒷좌석 에어백, 전방 충돌방지 장치…
대인배상2, 대물배상 추가, 자동차상해 고보장…

3. 자동차보험은 다이렉트가 좋지 않나요?

운전자보험은 꼭 가입해야 하나요?

자동차를 운전한다면 필수적인 운전자보험

피해자 사망이나 중과실을 원인으로 한 교통사고 등은 검찰에 의해
공소제기 되어 법원에서 벌금이나 금고형 등 형사처벌을 받음

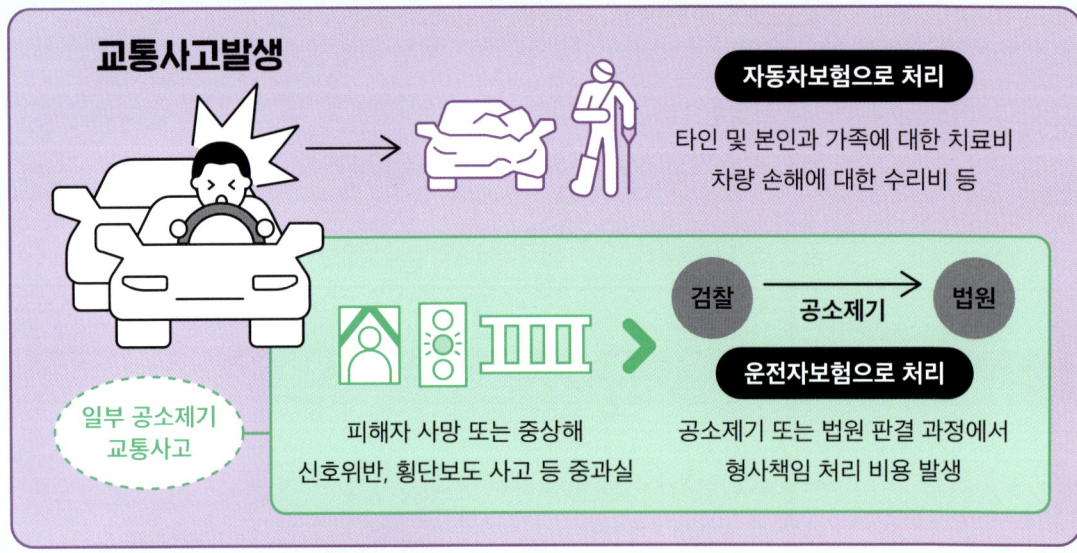

자동차보험	모든 교통사고의 민사책임 처리
운전자보험	일부 공소제기 교통사고의 형사책임 처리

세 가지 특약이 있어야 운전자보험

공소제기 교통사고 비용을 처리하는 3대 특약

교통사고처리지원금

유가족 또는 피해자와
형사합의 시 합의 비용을
약관에 따라 보상

변호사 선임비용

구속수사 또는 정식재판 등에서
변호사 선임 시
비용을 약관에 따라 보상

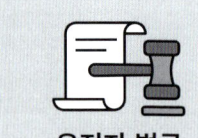

운전자 벌금

법원에 의해 벌금형 판결 시
벌금 납부 비용을
약관에 따라 보상

*음주, 무면허, 도주사고 등 약관의 '보상하지 않는 손해'를 반드시 확인

상품명과 상관없이 3대 특약 가입 여부가 핵심

인포그래픽으로 쉽게 풀어낸 보험상식

#운전자보험
#공소제기 교통사고
#형사합의
#변호사선임
#벌금납부

운전자보험은 꼭 가입해야 하나요?

의무보험인 자동차보험과 달리 운전자보험은 법으로 가입을 강제하지 않습니다. 하지만 모든 운전자가 필수적으로 가입해야 하는 보험입니다. 교통사고가 발생하면 타인 및 나와 내 가족의 신체 그리고 재산피해는 자동차보험으로 처리됩니다. 하지만 일부 교통사고는 검찰에 의해 공소제기 되고 이후 법원에서 벌금형 등의 형사처벌을 받습니다.

공소제기 교통사고의 가해자가 되면 형사책임을 처리하는 과정에서 비용이 발생합니다. 유가족 및 피해자와 형사합의를 보거나 정식재판 등에서 변호사를 선임하거나 벌금형 처분을 받기 때문입니다. 이 과정에서 사용된 비용을 약관에 따라 보상하는 역할을 운전자보험이 담당합니다.

상품명에 '운전자보험'이라 적혀 있는 것은 중요치 않습니다. 공소제기 교통사고 시 비용을 처리하는 교통사고처리지원금(형사합의금), 변호사 선임비용, 운전자 벌금이란 3대 특약의 가입 여부가 중요합니다. 예를 들어 손해보험사의 통합상품 등에 해당 특약을 가입하고 있으면 공소제기 교통사고 시 발생하는 비용 일부 또는 전부를 처리할 수 있습니다.

자동차보험의 '법률비용지원특약'보단 장기운전자보험 가입이 안전	
자동차보험 법률비용지원특약	보험 목적이 물건인 피보험자동차에 가입 자동차보험에 가입한 차를 운전하던 중 발생한 사고만 처리 가능
장기운전자보험	보험 목적이 사람인 피보험자에게 가입 피보험자가 약관에서 정한 모든 자동차를 운전 중 발생한 사고 처리 가능

렌터카나 공유자동차 운전이 많아지기 때문에
피보험자에게 가입하는 장기운전자보험에 가입하는 것이 안전합니다.

상호작용 시뮬레이션
자동차보험만 가입한 상황

고객: 처음 난 사고라 당황했는데 자동차보험이 있어 다행이네요.

설계사: 이번 사고를 계기로 운전자보험도 준비하세요.

고객: 운전자 보험도 꼭 가입해야 하나요?

설계사: 만약 중과실이 원인이거나 피해자가 사망하면 형사합의나 벌금 납부에 많은 돈이 필요해요.

설계사: 이런 사고는 자동차보험으로 처리하지 못해요. 대신 운전자보험에서 큰 도움을 받을 수 있죠.

고객: 그런 사고가 자주 날까요?

설계사: 운전하는 누구나 신호위반이나 과속 등을 자주 해요. 이런 중과실을 원인으로 사고가 나면 법원에 가서 재판을 받을 수도 있고 그 과정에서 여러 경제적 손실이 발생하죠.

고객: 사고를 내면 재판까지 받아야 하나요? 무서워서 운전도 못하겠네요.

설계사: 그렇다고 운전을 안 할 수는 없겠죠. 안전운전을 실천하면서 혹시 모르니 운전자보험까지 가입하세요.

특정 실수는 법률상 배상책임과 함께 형사책임이 발생해요

누구나 살아가면서 크고 작은 실수를 반복합니다. 가령 길을 걷던 중 타인과 부딪칠 수 있습니다. 이럴 경우 일반적으로 사과를 하면 됩니다. 하지만 상대방의 스마트폰이 떨어져 파손되면 법률상 배상책임이 발생합니다. 쉽게 말해 수리비 등을 상대방에게 물어줘야 합니다.

그런데 만약 상대방이 넘어지면서 뇌진탕으로 사망하면 상황이 달라집니다. 유가족에게 민사적 배상책임뿐만 아니라 형사책임이 발생합니다. <형법>의 '과실치사죄'(실수로 타인을 사망케 한 죄)를 적용받기 때문입니다. 이로 인해 유가족과 형사합의를 봐야 할 수도 있고 법원으로부터 벌금형 이상의 형사처분을 받아 전과자가 될 수도 있습니다.

자동차보험과 운전자보험의 관계도 이와 동일합니다. 교통사고로 다른 사람을 다치게 하거나 상대방의 차를 파손시키면 치료비나 수리비 등을 배상해야 합니다. 이런 민사적 배상책임은 자동차보험으로 처리할 수 있습니다. 하지만 상대방이 사망하는 등 일부 교통사고는 검찰에 의해 공소제기되어 법원에서 형사처분을 받습니다. 이 과정에서 발생한 가해자의 경제적 손실은 운전자보험을 통해서만 처리할 수 있습니다.

4. 주택화재보험과 일상생활배상책임보험은 무엇인가요?

사례툰으로 보는 일상 속 보험

4. 주택화재보험과 일상생활배상책임보험은 무엇인가요?

불도 안 나는데 주택화재보험이 필요한가요?

화재보험이 없는데 불이 난다면

1 우리집의 화재 피해를 직접 처리해야 함
(주택 원상 복구, 전자제품 등 가재도구 피해)

2 불이 옆집으로 옮겨 붙을 경우 피해액을 직접 배상하거나
옆집 보험사가 보험금 지급 후 구상청구소송 등 책임을 물음

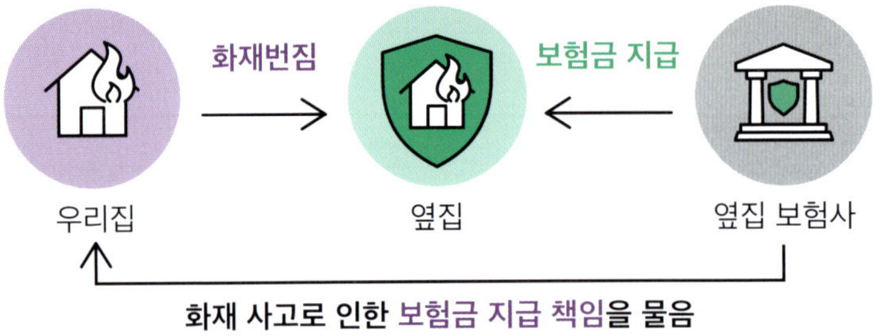

우리집 → (화재번짐) → 옆집 ← (보험금 지급) ← 옆집 보험사
화재 사고로 인한 보험금 지급 책임을 물음

3 주택화재보험 미 가입 시 화재의 원인 규명을 직접해야 함
예시 : (김치)냉장고나 에어컨 등 오래된 가전제품의 고장으로 불이 난 경우

화재보험 있다면
보험사가 화재사고를 처리하고 제조사도 상대함

화재보험 없다면
개인이 제조사를 상대로 **직접 소송을 진행**해야 하고 화재 원인을 밝히지 못하면 **본인에게 책임이 발생**

불이 직접 번지지 않더라도

화재 진압과정에서 사용한 물로 인해 **아래 집 침수 등 소방손해가 발생**하기에 이를 배상해야 함

인포그래픽으로 쉽게 풀어낸 보험상식

#주택화재보험
#일상의 화재위험
#화재보험이 없다면
#소송의 당사자

불도 안 나는데 주택화재보험이 필요한가요?

주택화재보험이 없는 상태에서 화재가 발생하여 옆집으로 번지면, 우선 타인의 신체 및 재산피해 전액을 직접 배상해야 합니다. 또한 옆집의 보험사로부터 소송을 당하는 어려움이 있습니다. 그리고 나의 재산피해도 직접 해결해야 합니다.

원인 미상의 화재가 발생했을 경우에는 본인이 직접 화재 원인을 규명해야 합니다. 오래된 가전제품의 고장으로 인한 사고로 의심될 경우에도 제조사를 상대로 소송을 진행해야 합니다. 만약 원인을 밝히지 못한다면 본인이 화재의 책임을 져야합니다.

화재사고는 언제든지 발생할 수 있습니다. 만약 주택화재보험이 없을 경우 본인과 타인의 신체 및 재산피해를 직접 처리해야 합니다. 또한 여러 소송의 당사자가 될 수 있기에 보험료도 저렴한 주택화재보험의 가입은 필수입니다.

언제라도 불이 날 수 있는 거주 공간

* 소방청, 국가화재정보센터(2014~2018년 연평균 통계)

화재 발생 장소
- 36% 생활공간
- 15% 구조
- 14% 설비저장
- 35% 기타

발화 원인
- 51% 부주의
- 22% 전기적 요인
- 11% 기계적 요인
- 16% 기타

화재는 생활공간(거실, 세탁실, 주방 등)에서 가장 많이 발생하고
발화원인의 절반 이상이 음식물 조리, 빨래 삶기 등의 과정에서 일어난 부주의

상호작용 시뮬레이션

주택화재보험의 필요성을 느끼지 못하는 상황

고객: 불이 나지 않는데 주택화재보험이 필요해요?

설계사: 겨울철 뉴스를 보면 매일 여러 건의 주택화재가 발생하니 누구도 안심할 수 없죠.

설계사: 특히 불은 번지는 특성이 있어 우리 집에서 시작된 화재는 언제든 옆집으로 옮겨붙을 수 있어요.

설계사: 이 때문에 수억 원의 빚더미에 앉을 수도 있는데 보험료도 저렴한 주택화재보험이 있으면 안심이죠.

고객: 맞는 말인데… 화재사고가 아니면 쓸모 없지 않나요?

설계사: 화재사고 이외에도 냉장고나 세탁기 등 가전제품의 수리비를 보장하는 특약도 함께 가입할 수 있어요. 최근에는 건조기나 의류관리기 그리고 노트북까지도 보장하는 특약으로 확대되고 있죠.

고객: 불이 나지 않아도 사용할 수 있네요.

설계사: 그래도 화재보험의 주된 목적은 화재사고에 있어요.

설계사: 소중한 보금자리를 지키는 것은 기본이고 타인의 집에 불이 번져 발생한 피해까지 처리할 수 있죠. 그래서 화재보험은 나와 이웃 모두를 위한 보험이죠.

나부터 지키는 것이 모두를 살리는 최선이에요

코로나19 때문에 새로운 일상이 펼쳐지고 여러 방역수칙도 등장하고 있습니다. 대다수가 방역수칙을 준수하지만 위반하는 경우도 자주 봅니다. 누군가 방역수칙을 지키지 않더라도 내가 마스크 착용과 백신 접종을 했다면 감염 위험을 낮출 수 있습니다. 이처럼 나와 가족의 안전은 스스로 지키는 것이 중요합니다.

불의 번지는 특성은 감염병 확산과 유사합니다. 작은 부주의가 불특정 다수에게 큰 피해로 확대될 수 있기 때문입니다. 가령 옆집에서 시작된 불이 우리 집으로 옮겨붙을 수 있습니다. 이때 상대방이 주택화재보험에 가입하지 않았더라도 내가 가입 중이라면 가족의 일상을 지켜낼 수 있습니다.

모두가 방역수칙을 준수하는 것이 가장 좋겠지만, 아니라면 스스로를 지켜야 합니다. 화재보험도 나부터 가입하는 것이 결국 스스로와 타인 모두를 지키는 최선의 방법입니다.

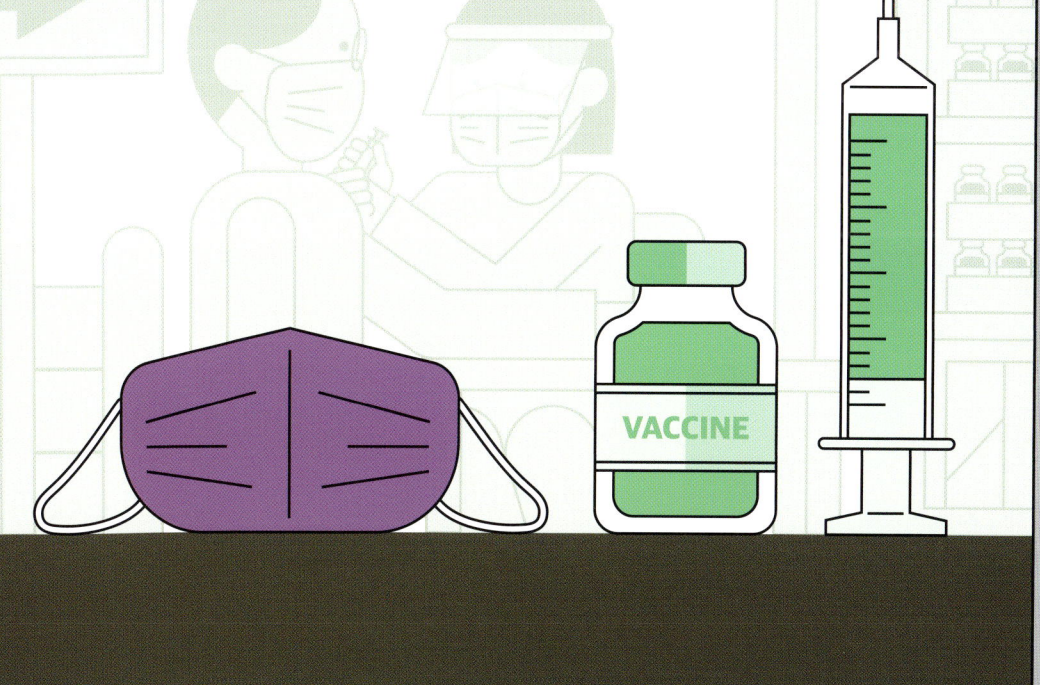

4. 주택화재보험과 일상생활배상책임보험은 무엇인가요?

집주인이 화재보험에 가입했는데 세입자도 화재보험이 필요한가요?

집주인의 화재보험만 믿으면 위험

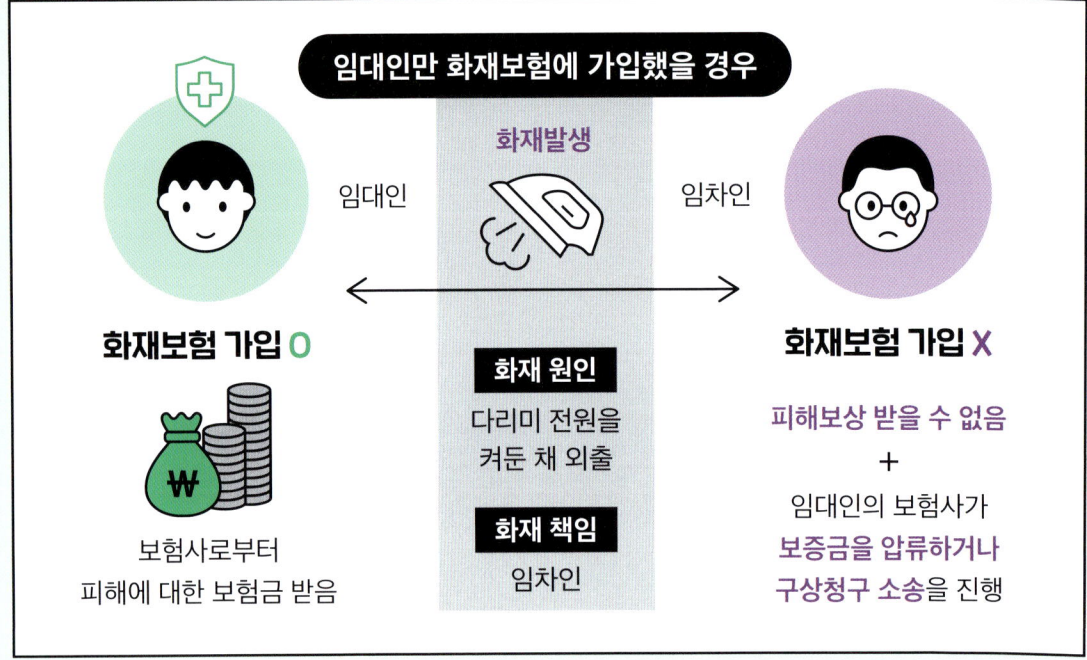

전세나 월세 등 임대차계약이 존재한다면
집주인과 세입자 모두 **각자 본인을 위한 화재보험 가입이 필요**

관리비에 포함된 단체화재보험만으로는 부족

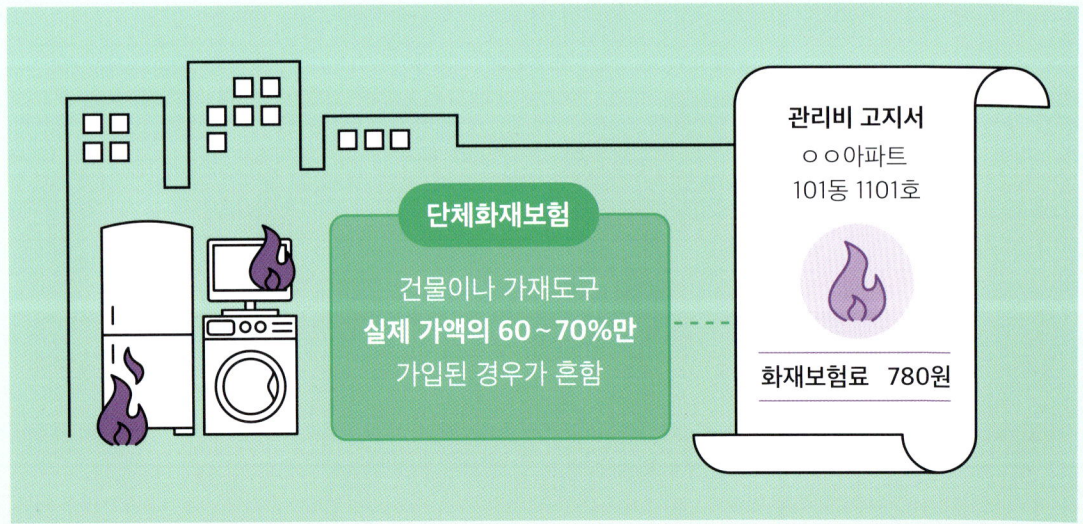

인포그래픽으로 쉽게 풀어낸 보험상식

#주택화재보험
#임대차계약서
#임차인임대인
#양측모두가입
#단체화재보험

집주인이 화재보험에 가입했는데 세입자도 화재보험이 필요한가요?

전세나 월세 등 임대차계약서가 존재하는 공간에는 임대인(집주인)과 임차인(세입자)이 존재합니다. 이 경우 동일 공간에 집주인과 세입자 모두 각자 본인을 위한 화재보험에 가입해야 합니다.

만약 집주인만 화재보험에 가입하고 세입자의 부주의로 화재가 발생할 경우 세입자는 자신의 가재도구 등에 대한 피해보상을 받을 수 없습니다. 또한 건물인 주택의 화재 피해에 대해서는 집주인의 보험사가 보상을 한 후 세입자에게 책임을 물어 보증금을 압류하거나 구상청구 소송을 진행합니다. 따라서 양측 모두 자신을 위한 화재보험에 반드시 가입해야 합니다.

또한 아파트 관리비에 포함된 단체화재보험을 믿고 개인적으로 주택화재보험에 가입하지 않으면 화재사고 발생 시 피해보상이 충분하지 않을 수 있습니다. 단체화재보험은 입찰로 진행되는데, 보험료를 낮추기 위해 건물이나 가재도구가 실제가액보다 낮게 가입되거나 가재도구는 가입하지 않는 경우도 많기 때문입니다.

불의 번지는 특성으로 대규모 재산 및 인명피해 발생 - 주택화재보험은 필수

* 소방서 추산   * 소방청, 국가화재정보센터(2014~2018년 연평균 통계)

재산피해
2015 의정부 아파트 화재사고

1층 주차장에 세워둔 오토바이에서 발화, 불길이 빠르게 번지면서 *90억 원의 재산피해 발생

인명피해
화재사고사상원인

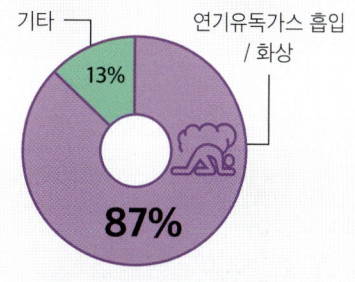

기타 13%
연기유독가스 흡입 / 화상 87%

연기만 퍼져도 대규모 인명피해 발생

상호작용 시뮬레이션
임대인만 화재보험에 가입한 상황

고객: 집주인의 화재보험에서는 원래 보상이 안 되나요?

설계사: 집주인의 잘못으로 인한 화재사고만 처리할 수 있어요.

고객: 고양이가 인덕션 전원을 눌러 과열로 불이 났으니 집주인의 잘못이 아니라는 건가요?

설계사: 맞아요. 집주인의 잘못이 아니기에 집주인의 화재보험에서는 보상이 안 돼요.

고객: 그럼 제가 전세로 사는 곳에 화재보험을 가입해야 하나요? 저희 집도 아닌데...

설계사: 그럼요. 화재보험은 동일 공간에 임대인과 임차인 각각이 가입을 해야 문제가 없어요. 이번 사고도 고객님께서 지금 전세로 있는 곳에 화재보험을 가입했다면 보상이 가능해요.

타인의 것을 빌려 사용해도 보험은 사용자가 가입해요

제주도를 여행할 경우 렌터카를 빌립니다. 렌터카도 사고가 나면 운전한 사람이 책임을 져야 합니다. 이를 해결하기 위해 자동차보험에 가입하고 보험료는 차를 빌린 사람이 냅니다.

렌터카와 유사하게 임대차계약서가 존재하는 전세나 월세도 다른 사람의 집을 빌려 사는 것입니다. 따라서 세입자인 임차인의 잘못으로 불이 나면 집주인인 임대인에게 피해를 배상해야 합니다. 임대인이 가입한 보험은 그의 것이라 임차인의 잘못으로 인한 화재사고는 처리하지 못합니다. 그래서 임차인도 스스로를 위한 보험을 빌려 사는 곳에 가입해야 합니다.

4. 주택화재보험과 일상생활배상책임보험은 무엇인가요?

일상생활배상책임은 언제 쓸 수 있나요?

일상에서 발생한 다양한 배상책임 사고의 만능 해결사
일상생활배상책임

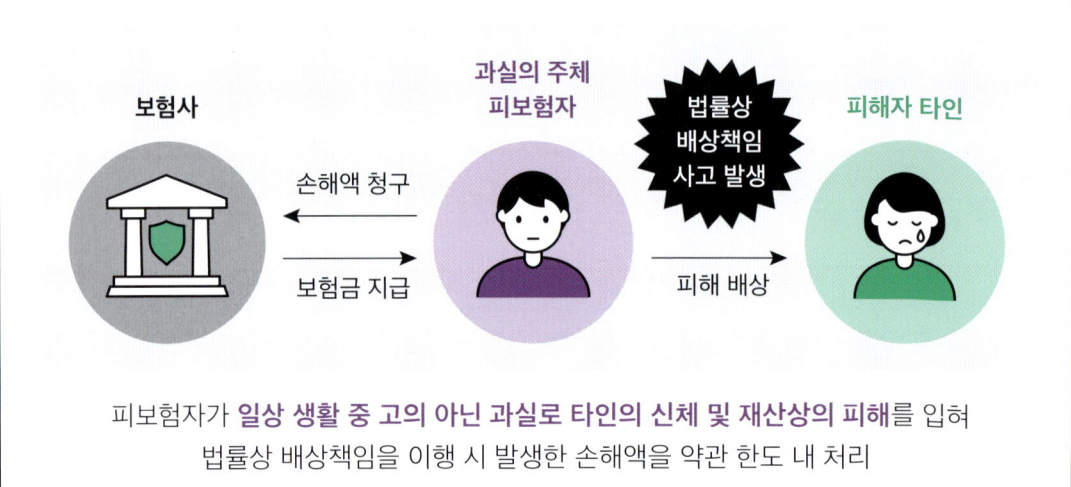

피보험자가 **일상 생활 중 고의 아닌 과실로 타인의 신체 및 재산상의 피해를** 입혀
법률상 배상책임을 이행 시 발생한 손해액을 약관 한도 내 처리

일상생활배상책임 청구 예시

1. 강아지가 타인의 신체를 물어 발생한 피해

견주의 일상생활배상책임에서
피해자에게 치료비 지급

2. 자전거를 타던 중 타인의 주차 중인 차량을 파손한 경우

자전거 운전자의 일상생활배상책임에서
피해 차주에게 수리비 지급

3. 타인의 집에 방문, 실수로 TV를 넘어트려 액정이 파손된 경우

가해자의 일상생활배상책임에서
피해자에게 수리비 지급

인포그래픽으로 쉽게 풀어낸 보험상식

#일상생활배상책임
#일배책
#일상 중 과실
#법률상 손해배상
#배상책임

일상생활배상책임은 언제 쓸 수 있나요?

살면서 실수로 타인의 신체 및 재산에 피해를 줄 수 있습니다. 이 때 법률상 배상책임이 발생합니다. 타인의 몸이 다쳤으면 치료비를 줘야 합니다. 재산 피해에 대해서도 원상 복구를 위한 수리비 등을 지불해야 합니다. 업무가 아닌 일상 생활 중 과실로 타인에게 피해를 줘 법률상 배상책임이 발생하면, 이를 책임지기 위해 치료비나 수리비 지불 등의 손해가 발생합니다. 이 때 일상생활배상책임에 가입하고 있으면 손해액을 청구할 수 있습니다.

일상생활배상책임을 사용할 수 있는 사고의 범위는 굉장히 넓습니다. 반려동물이 타인에게 끼친 피해 또는 자전거나 인라인스케이트 등 인력으로 움직이는 탈것에 의해 발생한 배상책임 사고 등을 처리할 수 있습니다.

대부분의 일상생활배상책임 약관명 앞에는 '가족'이 붙습니다. 이 때문에 '가족 중 한 명만 가입하면 모든 가족이 사용할 수 있기에 충분할 것'이라 생각하는 경우가 있습니다. 배상액이 1억 이하인 사고는 문제없겠지만 초과 사고에서는 여러 건의 '가족 일상생활배상책임'에 가입해야 처리 한도가 증액됩니다. 따라서 모든 가족이 '가족 일상생활배상책임'에 가입하는 것이 필요합니다.

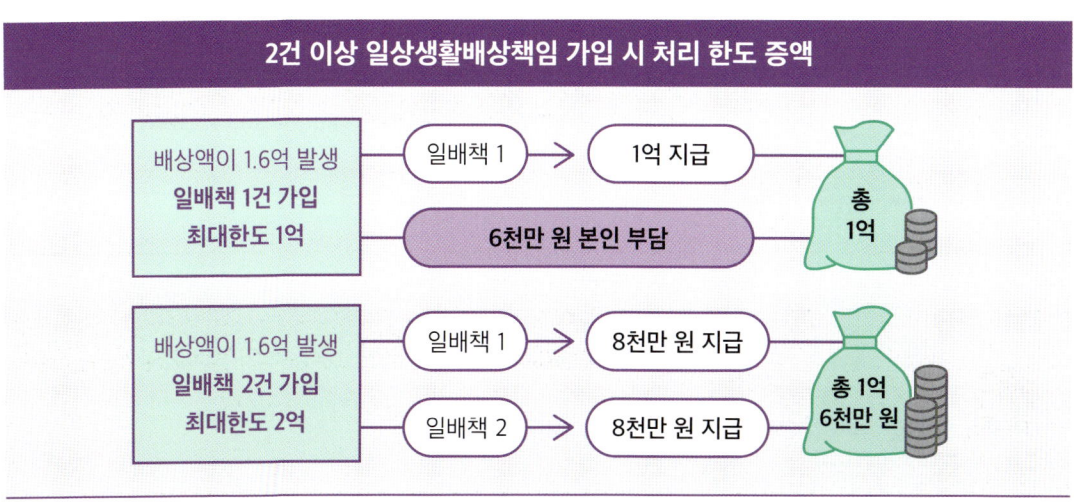

2장 [보종별 맞춤 대응 방법] 그래서 어떻게 해야 하는데요?

상호작용 시뮬레이션

일상생활배상책임 중복 가입의 필요성을 모르는 상황

가족일상생활배상책임 특약은 남편이 가입하고 있어요. 저는 빼 주세요.

 두 분 다 가입하고 나중에 자녀가 태어나면 자녀까지 가입하는 것이 좋아요.

왜요? 가족이 다 쓸 수 있으니 한 명만 가입해도 충분하지 않아요?

해당 특약의 최대 처리 한도는 1억이에요.

 만약 1억을 초과하는 사고가 발생했을 때 여러 건을 모으면 처리 한도가 증액되죠. 부부가 각각 가입하면 2억까지 늘어나요.

1억이 넘는 사고가 발생할까요?

 19년 한 초등학생이 진돗개에게 얼굴이 물리는 사고가 발생했어요. 당시 법원은 견주에게 2억 배상을 판결했죠. 두 분도 반려견이 있기 때문에 각각 가입하는 것을 추천해요.

우리 강아지는 사람을 안 물어요.

 반려동물로 인한 사고 이외에도 일상의 다양한 배상책임 사고를 처리할 수 있어요. 여기에 한도까지 높다면 더 안심할 수 있겠죠?

일상에서 내 편인 변호사가 있다면 든든해요

과거에는 타인의 실수를 그냥 넘기는 일도 많았습니다. 하지만 최근에는 작은 실수로 인한 피해도 배상을 요구하는 일이 늘어나고 있습니다. 사회가 복잡해질수록 인정에 호소하여 문제를 해결하기보단 금전적인 배상을 요구하는 일을 당연하게 생각하기 때문입니다. 이로 인해 법적 분쟁도 많이 발생합니다. 이때 편하게 도움을 받을 수 있는 내 편인 변호사가 있으면 안심이 됩니다.

항상 변호사의 도움을 받을 수 없다면 일상생활배상책임을 활용하는 것이 좋은 대안이 될 수 있습니다. 실수로 타인에게 피해를 끼치면 법률상 배상책임이 발생합니다. 적은 피해라면 부담이 덜하지만 피해가 크면 가해자의 경제적 손실도 커집니다. 이때 저렴한 보험료로 일상생활배상책임에 가입하고 있으면 문제를 쉽게 해결할 수 있습니다.

일상 속 크고 작은 실수로 인해 큰돈을 지출하지 않으려면 일상생활배상책임의 가입 여부와 한도를 확인하는 것이 필요합니다.

5. 국민연금말고 연금이 필요할까요?

사례툰으로 보는 일상 속 보험

어머. 2040년에 국민연금이 고갈된다는데... 우리 받을 수 있을까?

넌 대기업 다니니 국민연금도 회사가 내주고 퇴직연금도 있잖아. 난 연금 생각하면 걱정이 커.

연금이 왜?

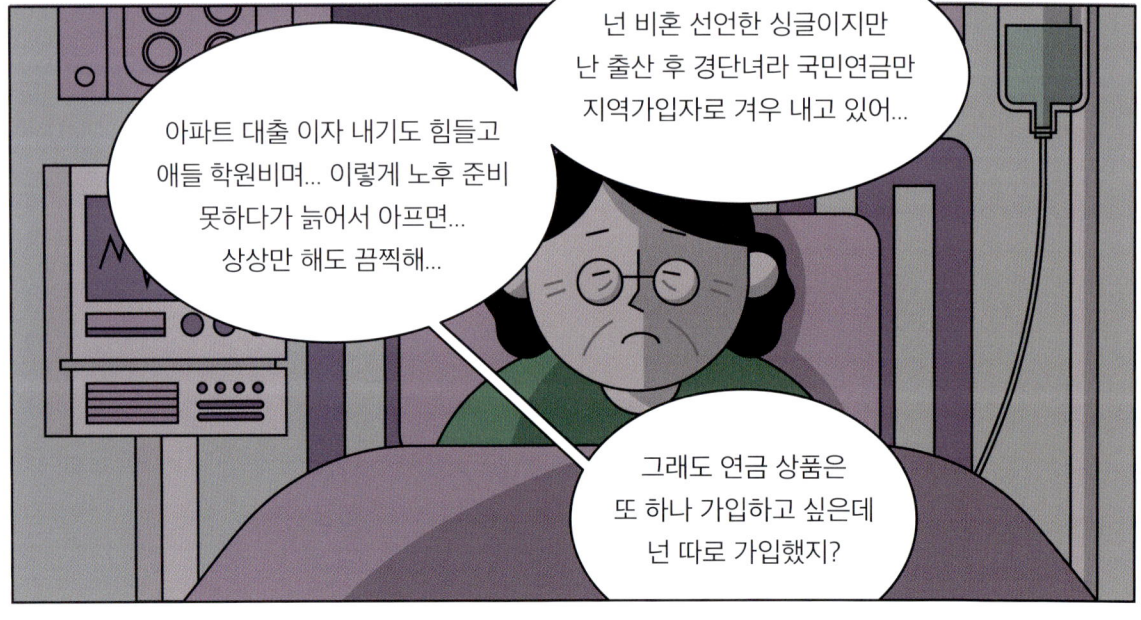

넌 비혼 선언한 싱글이지만 난 출산 후 경단녀라 국민연금만 지역가입자로 겨우 내고 있어...

아파트 대출 이자 내기도 힘들고 애들 학원비며... 이렇게 노후 준비 못하다가 늙어서 아프면... 상상만 해도 끔찍해...

그래도 연금 상품은 또 하나 가입하고 싶은데 넌 따로 가입했지?

5. 국민연금말고 연금이 필요할까요?
연금저축보험, 연금보험, 변액연금보험은 어떻게 다른가요?

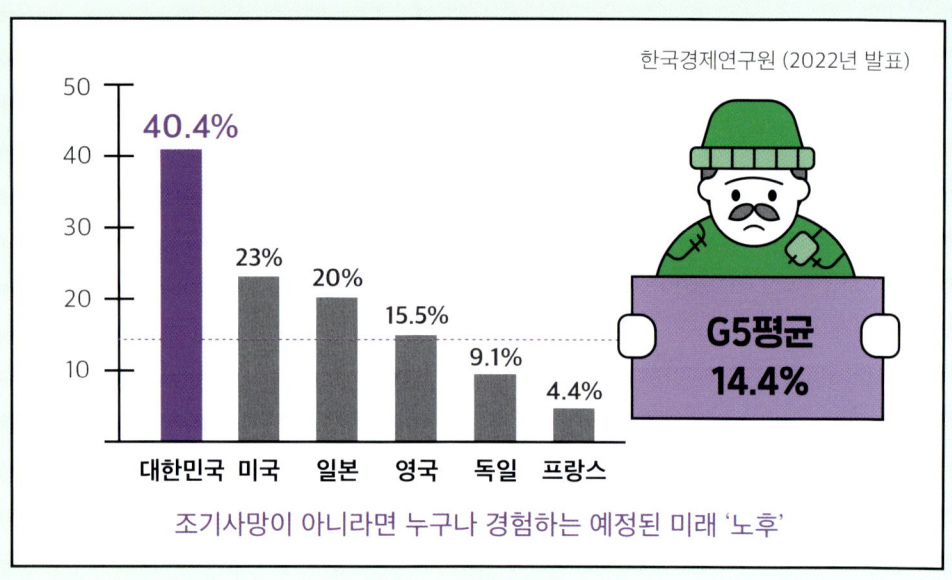

노후를 준비하는 보험

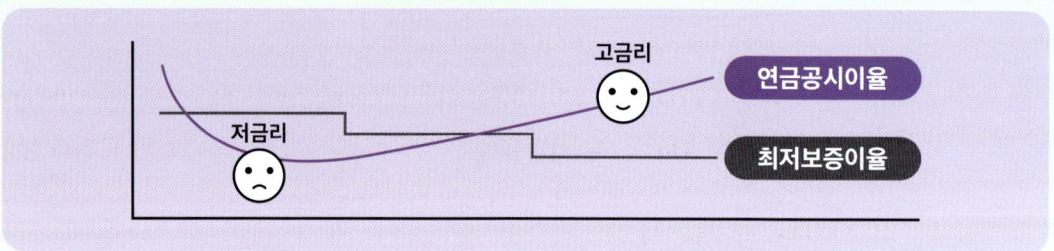

시장 금리에 기댄 노후 준비		투자 수익에 기댄 노후 상품
연금저축보험	연금보험	변액연금보험
손해보험사 및 생명보험사	생명보험사	
연금공시이율 또는 최저보증이율		투자수익률

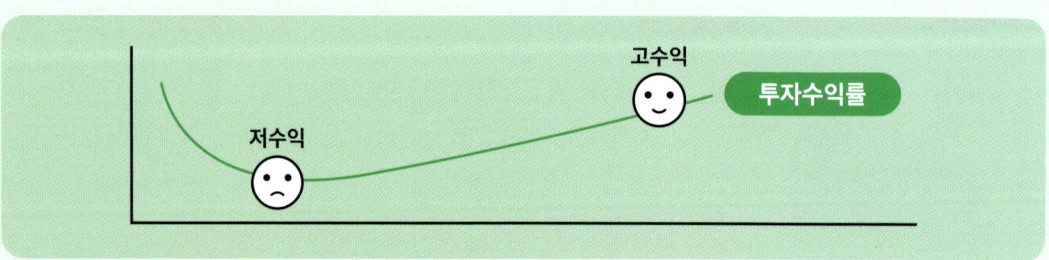

인포그래픽으로 쉽게 풀어낸 보험상식

#예정된 미래
#노후
#노인빈곤율
#시장금리
#투자수익

연금저축보험, 연금보험, 변액연금보험은 어떻게 다른가요?

조기사망을 경험하지 않는다면 누구나 노후를 맞이합니다. 보험의 기본 기능은 불확실한 미래의 사고를 대비하는 것입니다. 하지만 예정된 미래인 노후 준비도 보험을 활용할 수 있습니다. 특히 대한민국은 OECD 국가 중 노인빈곤율이 1위인 나라입니다. 주요 5개국 평균보다 약 3배, 2위보다 약 2배나 빈곤율이 높습니다. 부모를 모시고 자녀를 챙기느라 정작 본인의 노후를 준비하지 못하는 사람이 많기 때문입니다.

보험으로 노후를 대비하는 방법은 크게 두 가지입니다. 먼저 시장 금리에 기댄 방식입니다. 손해보험사와 생명보험사에서 가입할 수 있는 세제적격 연금저축보험과 생명보험사에서만 가입할 수 있는 세제비적격 연금보험이 있습니다. 납입된 보험료에 공시이율을 적용하여 노후 자금을 쌓아갑니다. 시장 금리의 변동에 따라 받게 되는 연금액이 변합니다. 금리형 상품은 금리가 아무리 낮아져도 보장해주는 최저보증이율이 있습니다. 최저보증이율도 기간마다 변동되는 상품이 있으니 확인이 필요합니다.

생명보험사만 취급하는 변액연금보험은 납입 보험료를 주식이나 채권 등에 투자하여 얻은 수익률로 노후 자금을 쌓는 상품입니다. 수익률이 좋을 땐 금리형 상품보다 많은 노후 자금을 만들 수 있지만 관리를 못하면 수익률이 낮아질 수 있으니 주의가 필요합니다.

노후를 준비하는 보험 상품은 기간이 깁니다. 가입 후 해지하면 손해가 크게 발생할 수 있습니다. 따라서 제대로 비교한 후 선택하는 것이 중요합니다.

금리형 상품을 투자형 상품으로 이전

이미 가입 중인 연금저축보험은 세제상 불이익 없이 금융기관 간 자유롭게 이전할 수 있습니다. 이를 '개인연금 계약이전제도'라고 부릅니다. 금리형 연금저축보험을 증권사나 자산운용사에서 판매 중인 투자형 연금저축펀드로 이전할 수 있습니다. 낮은 금리 때문에 연금저축보험이 만족스럽지 못한 경우 해지가 아닌 연금저축펀드로 이전을 고민하는 것도 좋은 대안이 될 수 있습니다.

상호작용 시뮬레이션

연금저축보험의 낮은 수익률이 불만인 상황

고객: 얼마 전 보험사가 보낸 '연금 수익률 안내장'을 받았어요. 가입 당시 설명 들었던 것보다 수익률이 많이 낮은데 왜 그래요?

설계사: 연금저축보험은 금리 연동형 상품인데 적용되는 이율이 매달 변해요.

설계사: 아마 가입하실 당시는 금리가 높았었고 그 기준으로 계산된 예상 연금 수령액을 기억하고 계신 것 같아요. 최근 금리가 많이 낮아져서 금리에 기댄 연금상품의 수익률도 높지 않죠.

고객: 친구의 변액연금은 수익률이 좋던데… 저도 연금저축보험 해지하고 변액연금 가입할까요?

설계사: 투자형 상품도 위험성은 있어요. 연금은 아주 오랜 시간 운용하는 상품이라 단기적인 수익률만 보고 해지하면 손해가 클 수 있죠.

설계사: 현재 가입 중인 연금저축보험이 만족스럽지 않다면 증권사 등에서 운용하는 투자형 상품인 연금저축펀드로 계약이전을 할 수 있어요.

고객: 어떤 선택이 좋을까요?

설계사: 장단이 있죠. 연금저축펀드로 계약이전을 하면 세제혜택도 그대로 유지돼요. 또 연금저축보험과 달리 강제 납입이 아닌 자유 납입이라 유동성 확보에도 도움이 돼요.

설계사: 대신 수익률이 낮으면 원금보장이 안 되는 위험성도 있죠. 이런 점을 잘 따져 유지나 이전을 고민하세요.

마라톤처럼 연금도 긴 호흡으로 달려야 완주할 수 있어요

42.195Km를 달리는 마라톤 완주는 쉽지 않습니다. 매일 4~5Km를 달리며 연습을 반복하고 하프 마라톤에 참가해 실전 감각을 익혀야 합니다. 아무런 준비 없이 무턱대고 풀코스를 달리면 중간에 포기하기 쉽습니다. 너무 빨리 달리면 지쳐 쓰러지고 걸어가면 완주는 가능하겠지만 시간이 오래 걸립니다.

연금에 가입하는 것도 마라톤 완주와 유사합니다. 긴 기간에 걸쳐 매달 일정액을 납입해야 하기에 가입 전 충분한 고민이 없으면 유지가 어렵습니다. 단기 수익률만 보고 가입하면 손해가 발생할 수 있고 높은 수익률만 기대하면 너무 위험한 상황을 맞이할 수 있습니다. 노후를 준비하는 일은 마라톤 완주를 위한 준비처럼 시작 전 충분한 고민과 긴 호흡이 필요합니다.

노후는 예정된 미래이기 때문에 가입 시 신중해야 합니다. 또한 오랜 시간 유지하는 것이 중요합니다.

특별부록 3장

보험의 **새로운 패러다임**
상담부터 보상까지 **미리 보는 경험**

[보상까지 바르게 안내하는 법] 보상은 어떻게 받나요?

계약 전 알릴의무는 무엇인가요?

보험계약 성립의 핵심은 불확실성

"내일 태양이 뜬다"
확정된 일
보험계약 ✕

"암으로 진단을 받는다"
불확실한 일
보험계약 ○

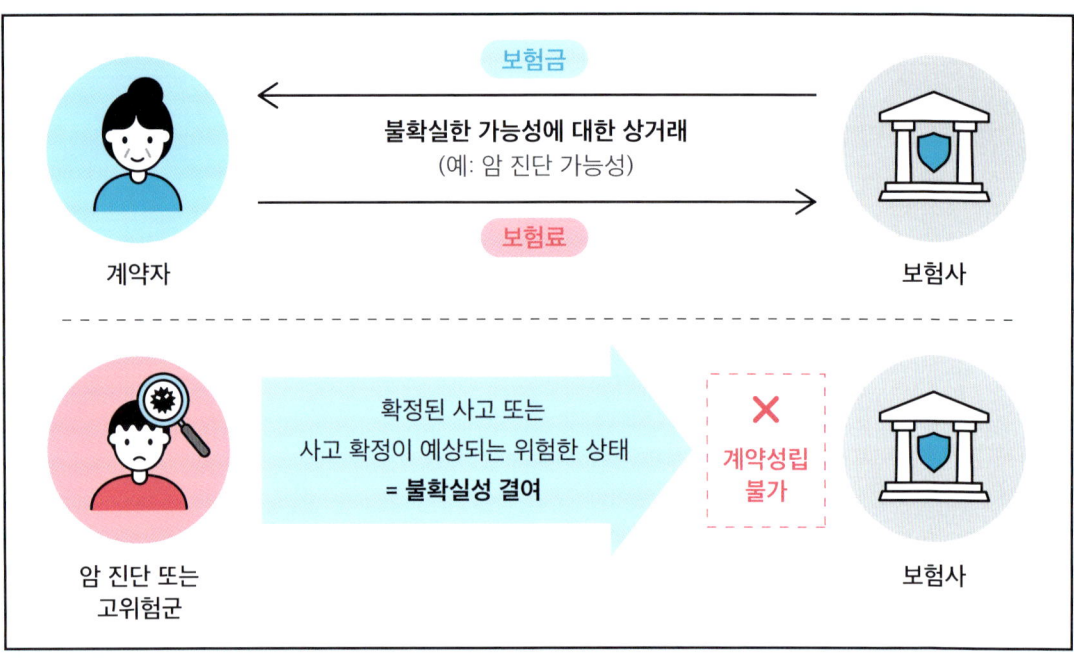

계약 전 알릴의무 (상법 제651조)
계약 성립의 전제조건인 불확실한 가능성을 판단할 수 있도록 계약 당사자 간 묻고 답하는 과정

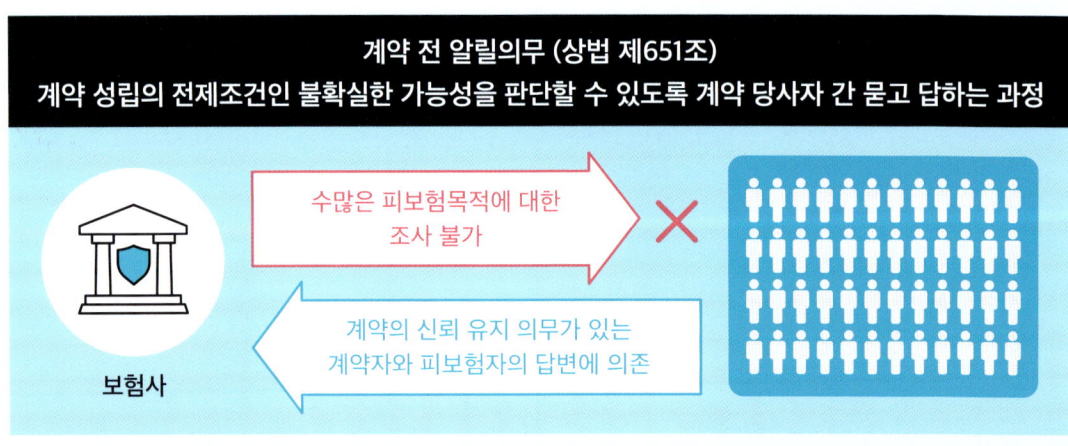

#보험계약
#상거래
#거래조건
#불확실성
#발생가능성

계약 전 알릴의무는 무엇인가요?

보험계약은 당장 사용하는 물건이나 서비스가 아니라 발생 여부나 시기를 확정할 수 없는 가능성에 대한 가치를 놓고 보험사와 계약자가 금전적 환산에 대해 동의할 때 이뤄지는 상거래입니다. 따라서 보험계약이 성립할 수 있는 전제조건은 불확실성입니다. 예를 들어 암보험의 보험료는 피보험자의 암 진단 발생여부와 시기를 예측하여 계산됩니다. 이 때 이미 암 진단을 받았거나 의심되어 정밀검사를 받은 경우는 보험계약의 대상이 될 수 없습니다.

따라서 이미 확정된 위험(예: 암 진단)을 가진 피보험자와는 계약을 하지 않거나 계약 내용에 대해 위험이 확정되지 않은 피보험자와 다르게 판단해야 합니다. 하지만 보험사가 이런 것을 계약 체결 시 마다 조사하게 되면 비용이나 인력 그리고 법률상의 문제가 너무 많이 발생합니다. 이 때문에 판단의 근거가 되는 정보를 계약자 및 피보험자의 답변에 의존하는 것입니다.

이를 '계약 전 알릴의무'라고 말하며 법률로 규정합니다. 따라서 보험 계약을 하려면 청약과정에서 피보험자 등이 보험사의 질문에 성실하게 응해야 할 의무가 존재합니다. 이러한 내용은 '보험사의 보험금 지급의무'와 함께 약관에 명시되어 있으며, 양측 모두 서로의 의무를 성실하게 이행해야 보험계약은 성립 및 유지됩니다.

상법 제651조 (고지의무위반으로 인한 계약해지)

"보험 계약 당시에 보험계약자 또는 피보험자가 고의 또는 중대한 과실로 인하여 중요한 사항을 고지하지 아니하거나 부실의 고지를 한 때에는 보험자는 그 사실을 안 날로부터 1월 내에, 계약을 체결한 날로부터 3년 내에 한하여 계약을 해지할 수 있다. 그러나 보험자가 계약 당시에 그 사실을 알았거나 중대한 과실로 인하여 알지 못한 때에는 그러하지 아니하다."

계약 후에도 보험사에 알릴 것이 있나요?

위험률에 따라 변하는 보험료

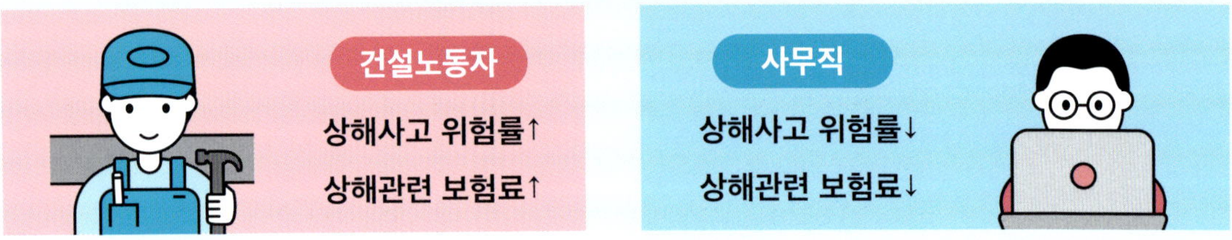

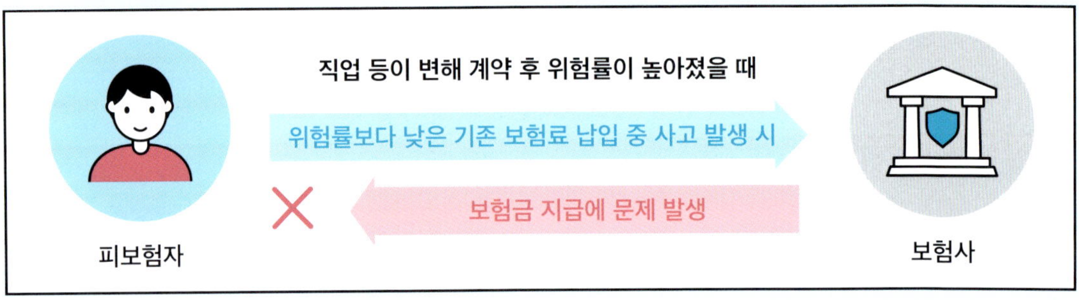

건설노동자
상해사고 위험률↑
상해관련 보험료↑

사무직
상해사고 위험률↓
상해관련 보험료↓

직업 등이 변해 계약 후 위험률이 높아졌을 때

피보험자 ── 위험률보다 낮은 기존 보험료 납입 중 사고 발생 시 ✕ 보험금 지급에 문제 발생 ── 보험사

계약 후 어떤 변화를 알려야 할까?

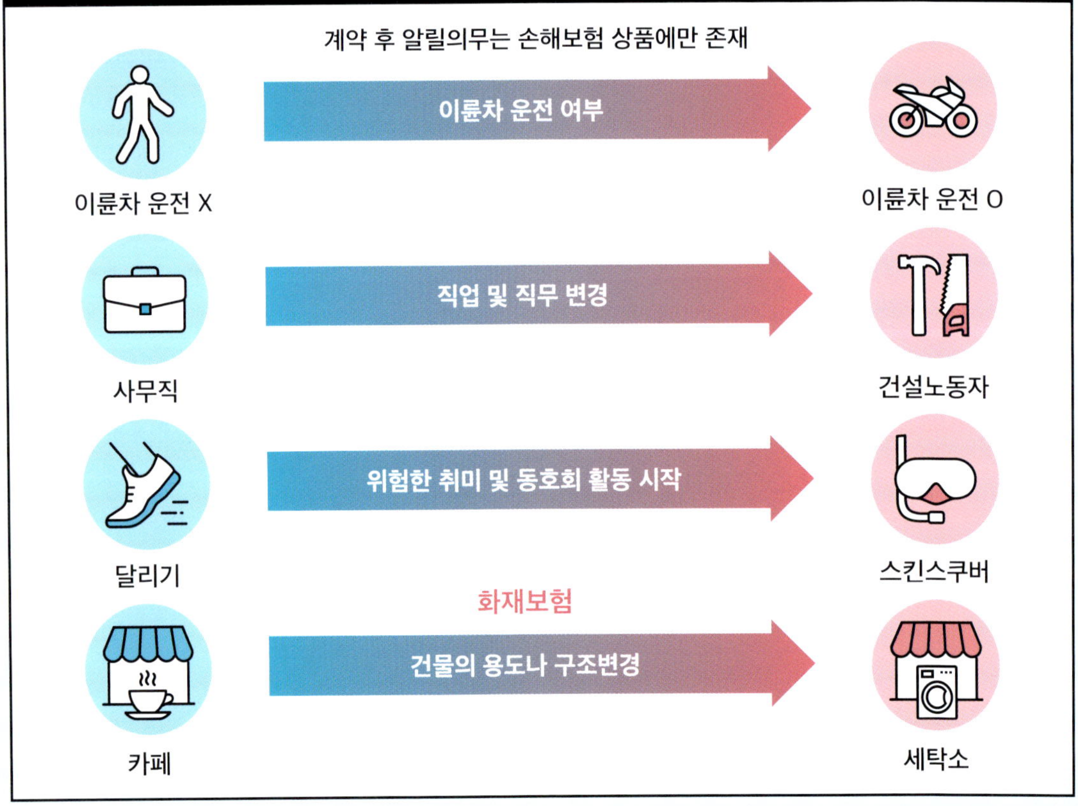

계약 후 알릴의무는 손해보험 상품에만 존재

이륜차 운전 X ── 이륜차 운전 여부 → 이륜차 운전 O

사무직 ── 직업 및 직무 변경 → 건설노동자

달리기 ── 위험한 취미 및 동호회 활동 시작 → 스킨스쿠버

화재보험
카페 ── 건물의 용도나 구조변경 → 세탁소

#계약 후 위험률 변화
#계약조건의 변동
#보험료 변화
#계약 후 알릴의무

계약 후에도 보험사에 알릴 것이 있나요?

계약 체결일로부터 과거의 사실을 통하여 인수여부를 판단하기 위한 것이 계약 전 알릴의무입니다. 이를 바탕으로 보험사는 피보험목적의 위험률에 따라 보험료를 정하여 계약을 인수합니다. 하지만 계약 후 피보험목적의 위험률이 변동될 수 있습니다. 이를 보험사에 알려 가입 당시와 달라지는 보험계약의 조건에 대해 통지하여야 할 의무가 '계약 후 알릴의무'입니다.

보험사는 계약 후 알릴의무를 통해 원래 계약조건에서 변동된 위험률에 따라 보험료를 조정하거나 계약유지 여부를 판단합니다. 만약 계약 후 알릴의무가 지켜지지 않고 위험률보다 적은 보험료가 납입된다면 보험금 지급에 문제가 발생하기에 주의가 필요합니다.

계약 후 위험률 변동에 따라 보험사에 알려야 할 것은 이륜차 운전여부, 직업 및 직무 변경, 위험한 취미 및 동호회 활동 시작 등이 있습니다. 또한 화재보험에서 업종이 변하는 건물의 용도변경이나 인테리어 공사와 같은 구조변경 등도 보험사에 알려야 합니다. 계약 후 알릴의무를 위반할 경우 보험금 지급여부 및 금액, 보험계약의 유지 등에 영향을 줍니다.

상법 제652조 (위험변경증가의 통지와 계약해지)

① "보험기간 중에 보험계약자 또는 피보험자가 사고발생의 위험이 현저하게 변경 또는 증가된 사실을 안 때에는 지체 없이 보험자에게 통지하여야 한다. 이를 해태한 때에는 보험자는 그 사실을 안 날로부터 1월 내에 한하여 계약을 해지할 수 있다."

② "보험자가 제1항의 위험변경증가의 통지를 받은 때에는 1월 내에 보험료의 증액을 청구하거나 계약을 해지할 수 있다."

알릴의무에 문제가 생기면 누가 책임져야 하나요?

계약자와 피보험자의 고의 또는 중대한 과실로 알릴의무 위반 시 계약 해지

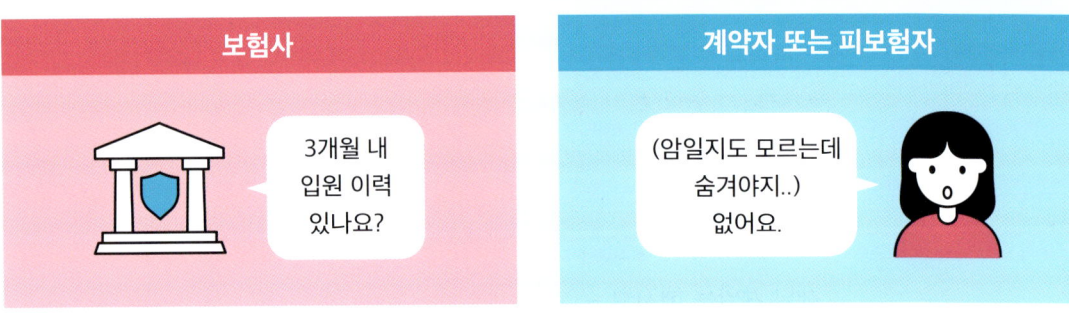

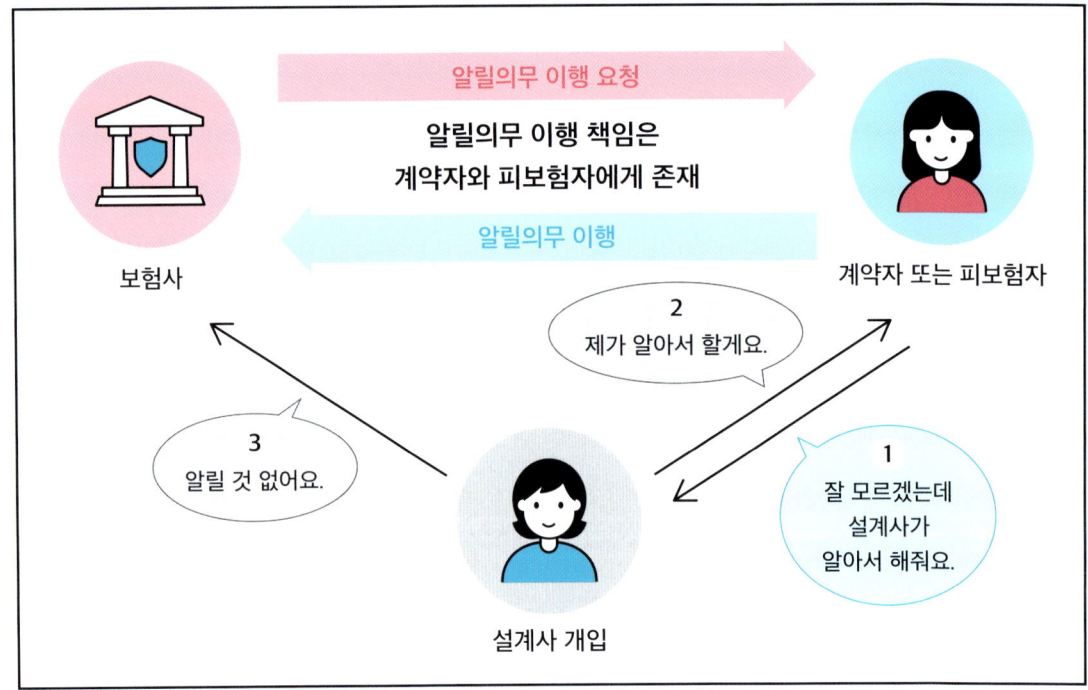

알릴의무 부당 개입 및 방해 시 설계사 책임

알릴의무 방해 행위	
계약자 또는 피보험자	설계사
"사실 나 어제 병원 갔다 왔는데…"	"보험가입 못해요. 알리지 마요."
"알아서 체크해줘요."	"제가 알아서 서명까지 할게요."
"지난 주에 용종 제거했는데…"	"그건 수술이 아니라서 괜찮아요."

#알릴의무 위반
#고의
#중대한과실
#부당개입
#방해

알릴의무에 문제가 생기면 누가 책임져야 하나요?

알릴의무를 이행하는 주체는 계약자와 피보험자이므로 알릴의무를 이행하지 않은 것에 대한 책임도 계약자와 피보험자에게 있습니다. 이들은 청약서를 작성하는 동시에 계약 전 알릴의무 이행을 위해 보험사에서 만든 (청약서에 포함된) 계약 전 알릴의무 사항에 대한 질문에 답을 해야 합니다. 만약 계약자 및 피보험자가 고의 또는 중대한 과실로 알릴의무를 위반하면 해당 계약은 해지될 수 있습니다.

알릴의무 이행 과정에서 계약 관련자의 방해가 있었다면 그 책임은 방해를 한 관계자에게 전가됩니다. 많은 보험 계약이 설계사를 통해 모집됩니다. 따라서 설계사는 알릴의무 이행 과정에 관여하게 될 가능성이 높습니다.

설계사는 계약자나 피보험자가 보험사의 질문 의도를 정확하게 이해하지 못해 문의할 경우 정확하게 설명해야 합니다. 또한 설계사가 알릴의무 양식을 대신 작성하거나 사실과 다르게 답변하도록 유도하면 안 됩니다.

보통약관에 명시된 '알릴의무 위반의 효과'

① 회사는 아래와 같은 사실이 있을 경우에는 손해의 발생여부에 관계없이 이 계약을 해지할 수 있습니다.
  1. 계약자 또는 피보험자가 고의 또는 중대한 과실로 계약 전 알릴의무를 위반하고 그 의무가 중요한 사항에 해당 하는 경우
  2. 뚜렷한 위험의 증가와 관련된 계약 후 알릴의무를 계약자 또는 피보험자의 고의 또는 중대한 과실로 이행하지 않았을 때

② 제1항 제1호의 경우에도 불구하고 다음 중 하나에 해당하는 경우에는 회사는 계약을 해지할 수 없습니다.
  5. 보험설계사 등이 계약자 또는 피보험자에게 알릴 기회를 주지 않았거나 계약자 또는 피보험자가 사실대로 알리는 것을 방해한 경우, 계약자 또는 피보험자에게 사실대로 알리지 않게 하였거나 부실한 사항을 알릴 것을 권유했을 때. 다만, 보험 설계사 등의 행위가 없었다 하더라도 계약자 또는 피보험자가 사실대로 알리지 않거나 부실한 사항을 알렸다고 인정되는 경우에는 계약을 해지할 수 있습니다.

보험금 청구는 누가 해야 하나요?

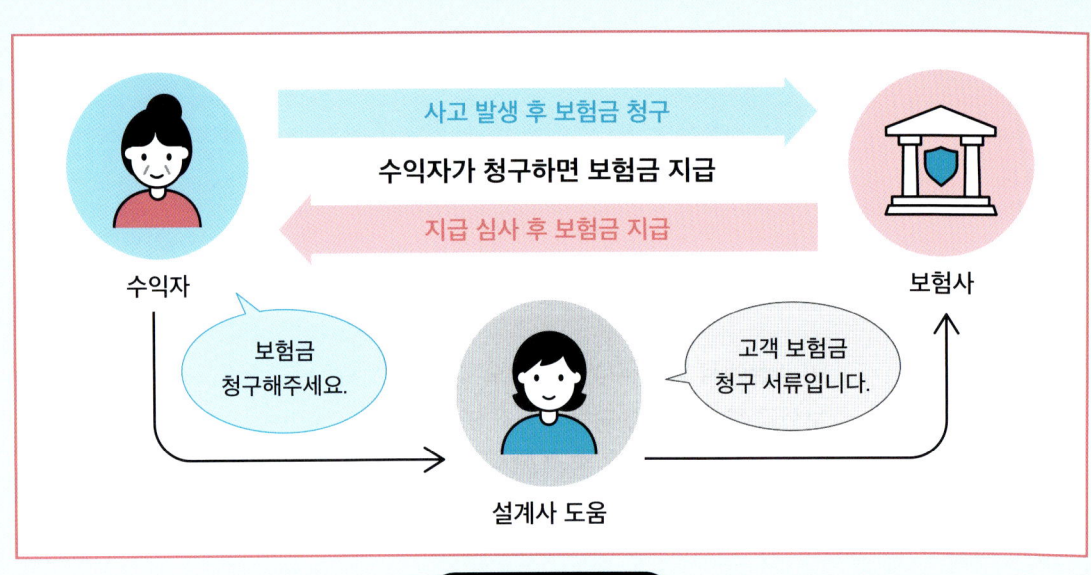

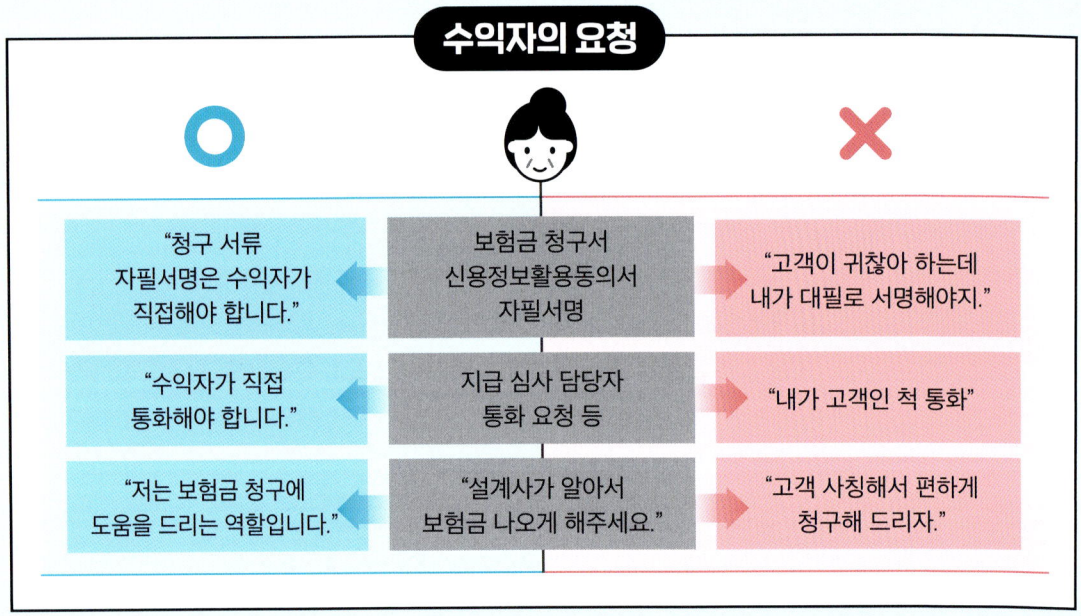

#보험금 청구
#수익자
#자필서명
#수익자 사칭 금지

보험금 청구는 누가 해야 하나요?

보험금 청구권은 수익자에게 있습니다. 하지만 보험 사고가 발생하게 되면 수익자 등은 보험금 청구와 관련하여 담당 설계사에게 문의하게 되는 경우가 흔합니다. 이 때 설계사는 고객을 돕기 위해 청구서 작성 및 제출을 대행하는 경우가 생깁니다.

이 과정에서 청구서 및 개인정보제공동의서의 자필서명을 준수해야 합니다. 보험금 청구 접수를 담당 설계사 또는 다른 설계사가 하는 것은 법률상 문제가 없습니다. 하지만 설계사가 대리서명을 하거나 피보험자 등을 사칭하여 통화하는 행위는 불법입니다.

일반적으로 많은 설계사가 '알아서 해주세요'라는 고객의 보험금 청구 요청을 받습니다. 이 말의 뜻은 도움을 달라는 의미로 한정해야 합니다. 이를 '나 대신 서명이랑 모든 대리권을 행사해도 좋다' 등으로 해석하여 행동으로 옮기면 불법입니다. 또한 향후 보험금 지급에 문제가 발생할 경우 책임을 설계사에게 물을 수 있기 때문입니다.

설계사는 보험금 수익자만의 법률상 권한을 침범하지 않도록 주의하면서 청구 절차 및 과정에 대하여 수익자에게 정확히 공유하며 도움을 줘야 합니다.

형법 제231조(사문서 등의 위조·변조)

"행사할 목적으로 권리·의무 또는 사실증명에 관한 타인의 문서 또는 도화를 위조 또는 변조한 자는 5년 이하의 징역 또는 1천만 원 이하의 벌금에 처한다."

청구 후 보험금은 어떤 과정을 통해 지급되나요?

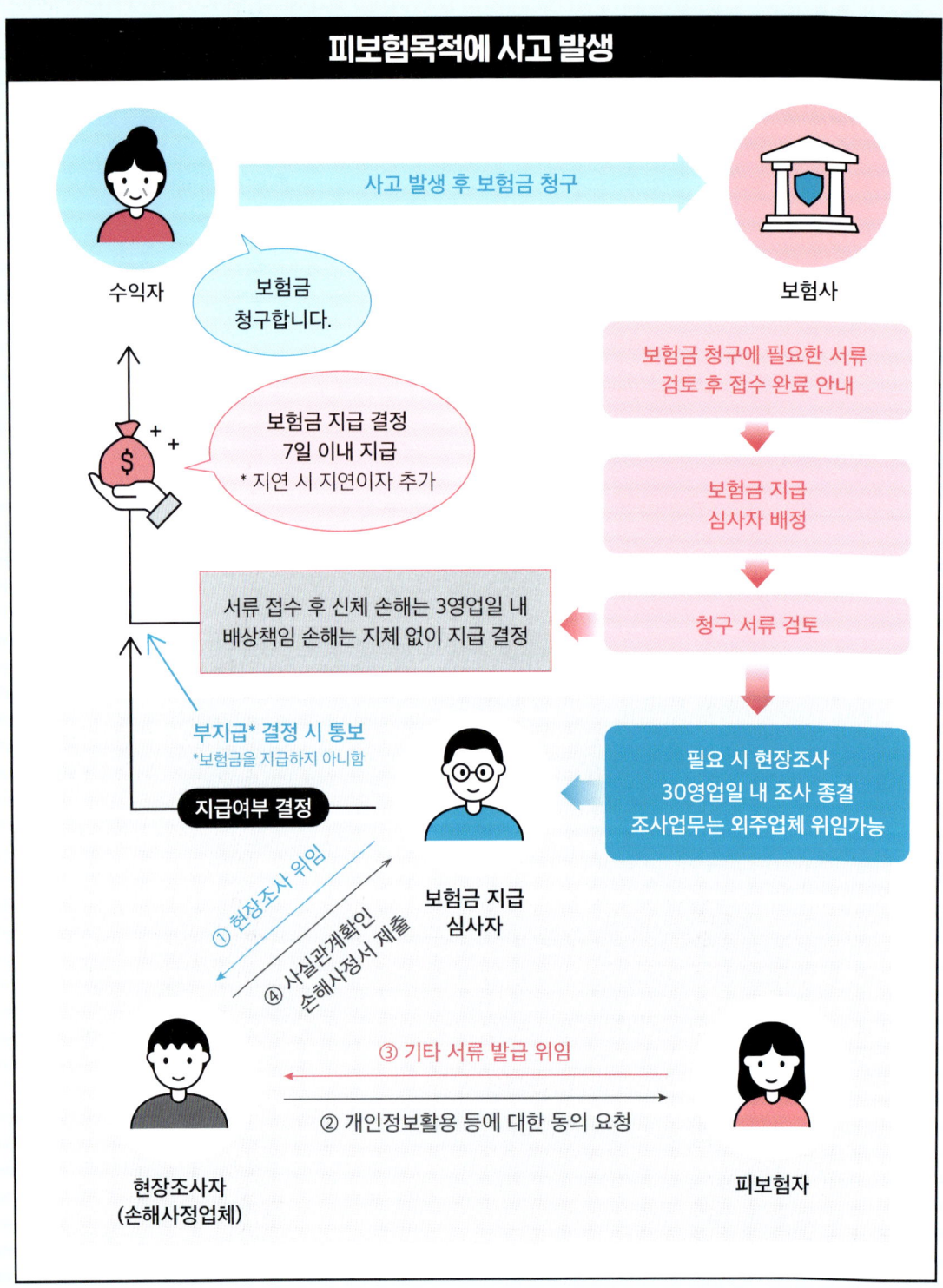

#청구 후 보험금
#현장조사
#보험금 지급 결정 권한
#지급결정
#부지급

청구 후 보험금은 어떤 과정을 통해 지급되나요?

다양한 방식으로 보험금 청구를 접수하면 보험사는 필요한 서류를 갖췄는지 검토 후 접수 안내 문자를 발송합니다. 이후 보험금 지급 심사자가 배정되는데 대부분 보험사 소속으로 보험금 지급 결정 권한을 가지고 있습니다.

심사자는 청구 서류를 검토 후 문제가 없으면 신체 손해의 경우는 3영업일 내, 배상책임 손해는 지체없이 지급을 결정해야 합니다. 이후 보험금은 7일 이내 지급합니다. 보험사의 사정으로 지급이 지연되면 지연이자가 추가됩니다.

하지만 심사자가 계약 전·후 알릴의무 위반 등을 검토하기 위해 필요 시 현장조사를 시행할 수 있습니다. 조사업무는 30영업일 내 종결되어야 하며 외주업체 위임이 가능합니다. 현장조사를 위임 받은 손해사정업체는 피보험자 등의 동의를 받아 필요 서류를 발급받습니다. 이후 사실관계를 확인하고 보험사에 손해사정서를 제출합니다. 이들은 보험금 지급 결정의 권한이 없습니다.

손해사정서를 검토한 보험사의 심사자는 최종 보험금 지급 및 부지급 결정을 하여 수익자에게 통보하게 됩니다.

피보험자 등이 손해사정사를 선임하는 경우

① 어느 단계에서 선임하는 것이 좋은가?
  - 사안에 따라 다르기에 초기 단계부터 손해사정사와 상담하여 결정하는 것이 유리

② 수임료는 누가 부담하는가?
  - 보험사가 선임하면 보험사 부담 / 피보험자가 선임하면 피보험자 부담

③ 수임 후 진행절차는 어떻게 되는가? (보험업법 188조에 명시된 손해사정사의 업무)
  - 피보험자 또는 계약자로부터 개인정보활용 동의와 업무 위임을 받은 후 사실관계 확인. 피보험자가 지식과 정보 부족으로 인해 준비할 수 없었던 입증서류를 보완하여 손해를 사정하고 손해사정서를 보험사에 제출. 이후 피보험자를 대신해 의견개진 등을 하여 보험금 지급의 적정성을 입증하는 과정으로 진행.

보험사 질문에 어떻게 답해야 하나요?

청약서 알릴의무 미리 보기

최근 3개월 이내 의사로부터 진찰 또는 검사(건강검진을 포함)를 통하여
다음과 같은 의료행위를 받은 사실이 있습니까?

☐ 질병확정진단　☐ 질병의심소견　☐ 치료　☐ 입원　☐ 수술(제왕절개포함)　☐ 투약

① 질병확정진단이란?
진료나 검사 등의 의료행위를 통해 의사가 진단명을 확정한 경우를 의미합니다.

② 질병의심소견이란?
어떤 질병이 의심되는 상태를 의미합니다. 이런 경우 의사는 추가 검사를 처방하거나 상급병원으로 전원하도록 진료의뢰를 합니다. 진단 확정이 되지 않은 상태에서 의사는 환자에게 질병에 대해 정확하게 설명하지 않는 경우가 많습니다. 이 때문에 환자는 본인이 질병의심소견 상태임을 인지하기 어렵습니다. 따라서 보험사는 질병의심소견의 정의를 '의사로부터 진단서 또는 소견서를 발급받은 경우'로 한정합니다.
예를 들어 스스로 감기라고 생각하고 있는 환자에게 의사가 기관지염이 의심되어 엑스레이 촬영을 처방하면서 '단순 감기가 아닐 수도 있다'고 말로만 설명했습니다. 이후 진료기록에 '기관지염의증(기관지염으로 의심되는 증상)'이라고 기술하는 것은 알려야 할 사항이 아닙니다. 하지만 엑스레이 영상을 보고 폐암이 의심되어 상급병원 진료의뢰서(의료법상 진단서에 속함)를 발급했다면 이는 알려야 할 내용입니다.

③ 치료란?
치료는 단순히 병원에 방문한 것만으로는 성립되지 않습니다. 예를 들어 병원에 갔지만 단순 건강검진을 받았다면 이는 치료로 볼 수 없기 때문입니다. 또한 오래전 치료받은 질병에 대해 경과 관찰 후 아무런 처방(약이나 치료제 처방 등 치료행위)이 없었다면, 이는 치료의 필요 여부를 판단하는 과정으로 보는 것이 합당하여 알려야 할 내용이 아닙니다. 하지만 건강검진으로 병원에 가더라도 그 결과 질병이 진단되어 약 처방 등 치료행위가 있었다면, 이는 알려야 합니다.

④ 입원이란?

입원은 의사의 진단에 의해 입원실에 입실하여 치료에 전념하는 것을 의미합니다. 1일 입원인 경우 논란의 여지가 있는데, 이 때는 당시 진료비 영수증이 입원급여로 발행되었는지 여부를 기준으로 판단하는 것이 명확합니다.

⑤ 수술이란?

수술은 절단, 절제를 통해 환부의 병변을 제거하는 등의 의료행위를 말합니다. 대장용종 제거술 등 가벼운 수술에 대한 판단이 어려울 수 있습니다. 예를 들어 건강검진 시 용종이 발견되면 용종제거술을 받습니다. 이 때 환자는 수면 상태였고 검진 중에 이뤄졌기 때문에 수술로 인지하지 못하는 경우가 많습니다. 하지만 용종제거술은 대장에 있는 용종을 절단하여 절제한 것이기 때문에 수술에 해당하고 알려야 합니다.

⑥ 투약이란?

투약에서 알릴의무의 핵심은 의사가 투약이 필요한 상태로 판단했는지 여부입니다. 예를 들어 약을 처방받았지만 자의적으로 복용하지 않은 것을 알리지 않아 투약에 대한 알릴 의무위반 사례가 자주 발생합니다. 따라서 환자가 처방받은 약을 약국에서 구매하지 않거나 복용하지 않았더라도 병원에서 의사가 처방전을 발행했다면 이는 알릴의무사항에 해당됩니다.

투약과 관련 주의해야 할 사항 중 하나는 건강검진센터에서 검진 결과로 위염 등에 대해 약을 처방해주는 경우가 있습니다. 이때 본인이 증세를 느껴 내원한 것이 아니기 때문에 알릴 의무를 이행하지 않을 수 있습니다. 하지만 이도 알려야 할 내용에 해당합니다.

> 최근 3개월 이내에 마약을 상용하거나 혈압강하제, 신경안정제, 수면제, 각성제(흥분제), 진통제 등 약물을 상시 복용한 사실이 있습니까?

상시(常侍)란 임시가 아닌 보통 때를 의미합니다. 가령 두통이 지속될 경우 병원에서 혈압약을 처방하는 경우가 있습니다. 이는 일시적으로 혈압약을 복용한 것으로 상시 복용이 아니기 때문에 알려야 할 사항이 아닙니다.

보험사 질문에 어떻게 답해야 하나요?

비슷한 예로 긴장과 스트레스로 소화불량을 호소하는 경우 의사가 긴장감 완화를 위한 정신과약(안정제 등)을 처방할 수 있습니다. 이 경우 정신과 질환 진단코드가 급여내역서에 남기도 합니다. 이런 사실은 환자가 정확히 인지하는 것이 불가능하고 상시 복용이 아니므로 알려야 할 사항이 아닙니다. 하지만 보험금 심사 시 이러한 기록을 근거로 보험사에서 알릴 의무위반을 주장하는 경우가 발생할 수 있습니다. 이런 경우에는 상시 복용이 아님을 입증하면 보험금 지급 등에 영향을 주지 않습니다.

> 최근 1년 이내에 의사로부터 진찰 또는 검사를 통하여
> 추가검사(재검사)를 받은 사실이 있습니까?

추가검사의 핵심은 검사 간 인과관계입니다. 예를 들어 복부초음파를 했는데 이상 증세가 인지되어 복부CT 검사를 하게 되는 경우나 혈액검사결과 암표지자 수치가 높아서 MRI 영상검사를 하는 것은 알려야 합니다. 두 검사 간 인과관계가 명확하기 때문입니다. 하지만 빈혈이 의심되어 혈액검사를 하고 다음 날 넘어져 엑스레이 촬영을 했다면 시기적으로 연결되어 있어도 상호 인과관계가 없기 때문에 추가검사가 아닙니다.

> 최근 5년 이내에 의사로부터 진찰 또는 검사를 통하여
> 다음과 같은 의료행위를 받은 사실이 있습니까?
>
> ☐ 입원   ☐ 수술(제왕절개포함)   ☐ 계속하여 7일 이상 치료   ☐ 계속하여 30일 이상 투약

① 계속하여 7일 이상 치료란?

같은 진단명으로 5년 이내 7일 이상의 통원을 의미합니다. 하지만 같은 진단명으로 5년 이내 7회 이상의 통원을 했더라도 이에 해당하지 않는 경우가 있습니다. 예를 들어 목감기로 3회 통원 후 완치가 되었습니다. 이후 2년이 지난 시점에서 또다시 목감기가 발생하여 4회 통원을 했다면 이는 계속하여 7일 이상 치료가 아니기 때문에 알려야 할 사항이 아닙니다.

② 계속하여 30일 이상 투약이란?

앞서 7일 이상 치료와 동일하게 같은 진단명으로 5년 이내 계속하여 30일 이상 투약한 경우에만 알려야 할 사항에 해당합니다. 투약과 관련하여 건강검진센터에서 30일 이상 길게 약처방을 하는 경우가 있어 주의가 필요합니다. 또한 투약이란 복용기간이 아니라 처방받은 기간을 말하는 것이기 때문에 30일 분의 약을 처방받아서 10일만 복용했더라도 30일 이상 투약한 것으로 알려야 합니다.

최근 5년 이내에 아래 11대 질병으로 의사로부터 진찰 또는 검사를 통하여
다음과 같은 의료행위를 받은 사실이 있습니까?

☐ 질병확정진단   ☐ 치료   ☐ 입원   ☐ 수술   ☐ 투약

<11대 질병>

☐ 암 ☐ 백혈병 ☐ 고혈압 ☐ 협심증 ☐ 심근경색 ☐ 심장판막증 ☐ 간경화증
☐ 뇌졸중증(뇌출혈, 뇌경색)   ☐ 당뇨병   ☐ 에이즈(AIDS) 및 HIV보균

(실손의료비 특약 가입의 경우 추가질문)

☐ 직장 또는 항문 관련 질환 [치질, 치루(누공), 치열(찢어짐),
항문농양(고름집), 직장 또는 항문탈출, 항문출혈, 항문궤양]

11대 질병이 의심되어 검사를 받았지만 이외 질병으로 진단받은 것은 위 질문에 해당하지 않습니다. 예를 들어 혈액검사결과 암이 의심되어서 조직검사를 했는데 궤양이었다면 이는 '11대 질병으로 인한 것'이 아닙니다.

보험의 꽃, 인간 세상 보상 이야기

보라보, 보보와 두두	**215**
보라보툰 - 대장용종을 제거했어요	**216**
보라보툰 - 음식점이 폐업했어요	**218**
번외이야기 - 보보와 두두의 만남	**220**
보라보의 친구들	**228**

보라보

사람과 동물이 함께 일하는 시대가 열렸다. 「인간사회 생활고사」에 합격하면
동물도 사람처럼 생활하며 사회 구성원으로 일할 기회를 갖게 되는데...
어린 시절부터 같은 숲에서 자라 온 소꿉친구 보보와 두두는 서울에 자신들의
회사를 차리기로 다짐하고 함께 「인간사회 생활고사」 시험을 보게된다. 합격 후
동물 전용 정부 지원을 받아서 만든 보보와 두두의 회사는
보험 탐정 사무소?! 인간 사회에서 살아가는 두 동물 친구가 일상에서 만나는
사건들을 쉽고 재미있게 전하는 보상만화!

보보

탐정사무소 '보라보'를 운영하고 있는
부엉이 탐정. 인간사회에서 보상에 대해
어려워하는 친구들을 도와주고 있다.

두두

인간적이고 친근한 매력의 두더지 두두.
호기심이 많아 인간세상에서 끊이질 않는
사건사고를 만나는 재미가 쏠쏠하다.

boravo

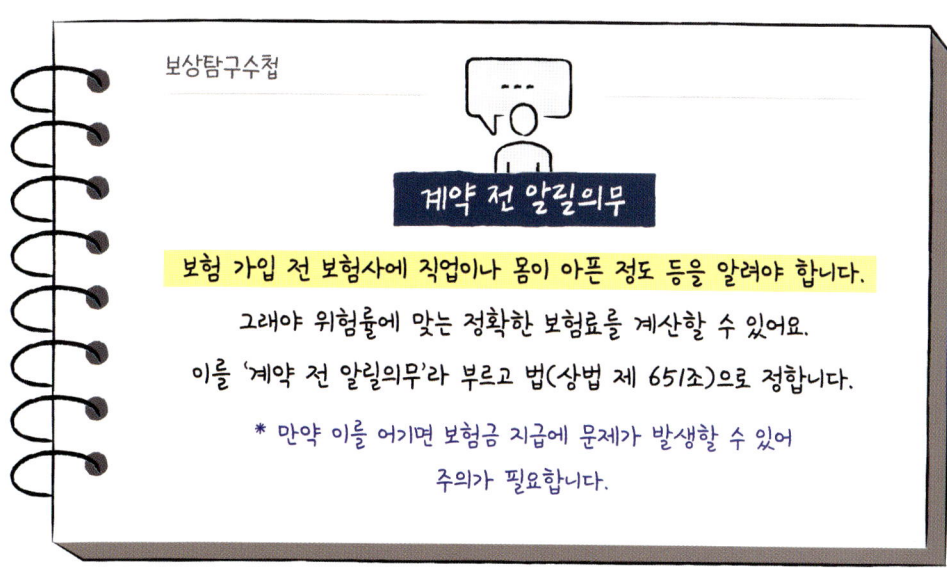

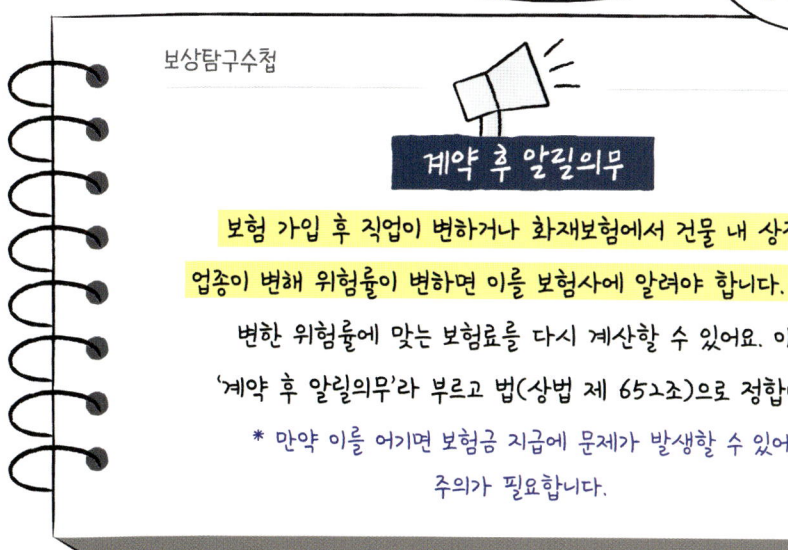

: 인간사회로 가기 위해 동물들이 치르는 시험

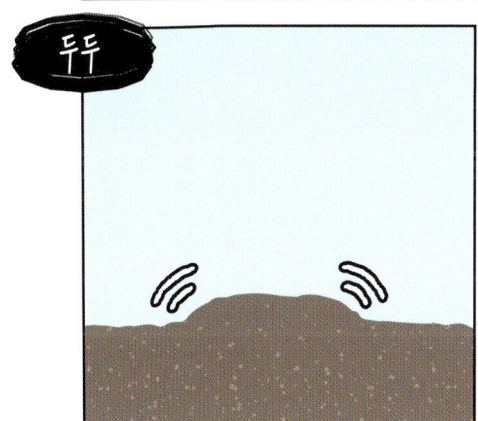

보라보의 친구들

냐옹
바쁘다 바빠 현대사회
직장인 고양이

구름
티비보며 혼자놀기 만렙
강아지

애옹
집사와 둘이 살아가는
고양이

파카
미용실 원장님
알파카

사슴
녹용보다 더 좋은 약을
조제하기 위해 약사가 된 사슴

리컨
자연산 횟집 사장
펠리컨

곰
핑크색 털이 특징인
차량 정비사 곰아저씨

더 많은 이야기가 궁금하다면?

 boravo_official  팔로우

배달 알바를 시작했어요

우리 집사를 도와줘

심심하다 멍!

뇌경색은 왜 보장이 안되나요?

할증과 인수거절

업종별 화재보험 특별약관

MEMO

MEMO

MEMO

빌드업

초판 1쇄 발행 2022년 3월 1일
초판 4쇄 발행 2023년 1월 1일

지은이 김진수, 권용현, 이수현

펴낸이 김진수
기획 이태희
디자인 임서희, 이예린

펴낸곳 파인베리컴퍼니 주식회사
출판등록 제2019-000032호
주소 04793 서울특별시 성동구 성수일로 12길 20, 404호
전화 02-2088-8058
이메일 admin@finevery.com

ISBN 979-11-966573-3-8 (13320)

값 30,000원

* 잘못된 책은 출판사로 연락주시면 교환해 드립니다.

* 이 책은 저작권법에 따라 보호를 받는 저작물이므로 무단 전제 및 복제를 금지하며,
  이 책 내용의 전부 또는 일부를 이용하려면 반드시 파인베리컴퍼니 주식회사의 서면동의를 받아야 합니다.

* 보라보툰의 캐릭터 보보와 두두는 한국저작권위원회에 등록되어 저작권법에 따라 보호를 받는 저작물로
  저작권자의 서명동의 없이 사용할 수 없습니다.
  저작권등록번호 보보(C-2020-031648호), 두두(C-2020-031637호)